Bu Ka Ryoku

上司を上手に使って
仕事を効率化する

「部下力」のみがき方

新名史典
Shinmyo Fuminori

同文舘出版

はじめに

2001年の初夏のことです。年商150億前後の中堅メーカーの営業企画スタッフだった私は、定例の月曜日朝の本社営業本部会議で、耳を疑うような指示をいただきました。

当時27歳だった私に突然、〝新規営業部門の統括部長を命ずる〟という内示をいただいたのです。

「新規に立ち上げる営業第四部は、新名君にやってもらいます」

後から聞いて、さらに耳を疑ったのですが、創業オーナーのご意向は「若手にチャンスをやったら、潰れるか成功するか、この目で見たい」というものだったのです。

数ヶ月の準備期間を経て、28歳になる頃に私の担当する営業第四部はスタートしました。札幌から九州まで、全国に散らばる拠点に30名ほどのスタッフを配置していただきましたが、それぞれの拠点の長は、ほぼ全員が私よりも年上だったのです。

なかには、何と私の親ほどの方もおられました。実績も何もない私に、マネジメント能力などあるわけがありません。会社ですから、表向きはみなさん大人の対応をしてくださいます。

しかし、私は彼らとどのように接していいのかわからず、ただただ正論を振り回して喚き散らすばかりでした。お客様のところでは、名刺交換することさえ気が引けました。「社長のご親族ですか?」と聞かれることもしばしばでした。当然です。「上司です」と、私の親ほどの方から紹介されたのは、どう見ても部下の20代の若造だったからです。

焦るばかりで、部内で衝突を繰り返していた頃、ある大先輩のひと言に衝撃を受けることになります。そのときから、私の考え方は180度変わりました。

「そうか。どうせ、部下みたいな上司なんだから、部下みたいにふるまえばいいんだ!」

年上部下の方々のこれまでの仕事のやり方や考え方を聞き、今後の展開の意見交換をしました。そして話を聞く私に、彼らはしだいに心を開いてくださるようになりました。そこから、営業第四部の快進撃がはじまりました。

時は過ぎ、数年後に私は、商品開発部門で商品企画室長という立場になっていました。しだいに、私も年下の部下を持つようになりました。彼らを指導しているうちに、あることを疑問に思うようになりました。

それは、彼らの私への報告や相談が、あまりに下手なのです。仕事の内容そのものは、それほど間違っているわけではありません。
そのときに私が気づいたことは、「彼らは、上司の立場、想い、苦悩を知らないのだ」ということでした。

私は、20代にして異常な立場を経験しました。そして、上司がどんなことで悩むものなのか、ということを肌で知ることができました。
そのため、自分の上司に行なう報告にしても相談にしても、常に上司の考えを予測して動いていました。それが、決定的な差だったのです。
これを、本書では「部下力」と名づけました。

本書が、一所懸命に実務をしているのに、なかなか「部下力」が発揮できない若手ビジネスパーソンのお役に立つことができれば、これにまさる喜びはありません。

新名　史典

目次

上司を上手に使って 仕事を効率化する「部下力」のみがき方

はじめに

1章

なぜ、あなたの仕事は効率が悪いのか？

1 上司の決裁がなかなか取れないのはなぜ？……012
2 やり直し、出直しでサービス残業……015
3 私が言っても信用してもらえないのは、なぜ？……018
4 報告していたはずが「聞いていない！」……021
5 資料をたくさん用意すれば、見てもらえるか？……024
6 上司を連れて行かないと動いてくれない他部署……027
7 自分1人だけで完結する仕事など、ほとんどない……030

2章
上司を動かせないと仕事の効率は上がらない

1 上司を動かしている人は何をしているのか?……036
2 他部署は、部署としての判断を求めてくる……038
3 お客様も、会社としての判断を前提としている……042
4 「上司がいない」という理由で止まる仕事……044
5 会話をするのが嫌だからといって、メールに逃げていないか?……048
6 上司を動かせない人は後輩も動かせない……050
7 影響力のない人は、組織の中では無意味……053

3章
上司を動かすことで、あなたの仕事はこんなに改善される

1 決裁が早ければ、それだけ実行も早くなる……058
2 やり直し不要の一発OK……061
3 信用を得ることができれば、何を言ってもだいたい通る……064

4 説明上手は資料要らず……068
5 「聞いていない」はずでも「聞いていたかな？」に！……071
6 任されている立場だと他部署も納得する……074
7 上司から任される仕事と上司に任せる仕事……076

4章 上司の苦悩は意外なほど知られていない

1 上司は、自分のチームを守りたい……082
2 上司にも上司がいる……085
3 「部下へのクレーム」は上司のところに来る……088
4 なぜ、「悪い報告」を早く知りたいのか？……091
5 最新情報を上司は意外と知らない……094
6 現場が遠くなるから、小さな情報にも影響を受ける……097
7 キャパは広くてもシェアは小さい……100

5章 「上司の目線」を身につけよう

1 見る景色を変えてみよう……106
2 判断の違いを検証していた新入社員時代……109
3 常に「自分ならどうするか?」を考える……112
4 意見を言う人は多いが、結果までは追いかけない……115
5 成功要因と失敗要因を記録する……119
6 「上司の孤独」を知った瞬間……122

6章 上司の「気持ち」を予測して先回りしよう

1 上司が、次にどう行動するかを予測しよう……128
2 上司に情報を提供しよう……131
3 上司は何を抱えているのか?（優先順位を知る）……134
4 部下の、ちょっとした「ひと手間」がありがたい……138
5 ひと手間を加えよう＞＞＞［メール編］……141

6 ひと手間を加えよう＞＞＞［報告編］……144
7 ひと手間を加えよう＞＞＞［相談編］……147
8 上司が何に期待して仕事を振ってくるかを考える……151

7章＞＞＞ 上司のモチベーションは部下が上げる！

1 上司にとって、部下の喜ぶ顔ほどうれしいものはない……156
2 上司に「ありがとうございます」を伝えているか……159
3 お願いする前には「共感」が必要……162
4 上司にも〝苦手な部下〟がいる……165
5 会議でコメントを振られたら、あえて上司の分を残す……168
6 上司との名コンビぶりは、上司の価値を上げる……172

8章 上司の力を借りることはいかに大切か

1 仕事の成果は「質×影響力」……178
2 年上部下との消耗戦から気づいたこと……181
3 立場と経験は別物……184
4 何を知っているかから、誰を知っているかへ……187
5「教えてください！」は最高の殺し文句……190
6「聞いて回れる」部下は信頼できる……192
7「上司」は、決して「直属」だけではない……195

9章 上司は「使える」部下を求めている

1 上司は、「孤独」だからこそ誰かに相談したい……200
2 意見のない「糠に釘」部下は相談相手にならない……202
3 まずは、受け入れて共感しよう……205

4 自分の持っている情報を提供する……208
5 意見を求めてくれたことに感謝する……211
6 上司は「使える」部下を求めている……215
7 「可愛がっている」ように見えるのは、周りからの偏見……218

あとがき

ブックデザイン　上田宏志［ゼブラ］
DTP　クールインク＋ゼブラ

1章

なぜ、あなたの仕事は効率が悪いのか？

1 上司の決裁がなかなか取れないのはなぜ？

「課長、この稟議のご決裁をいただきたいのですが……」

「えっ、何これ？　背景がわからないのにハンコなんかつけないよ！　何で、こんなに金額が大きくなるわけ？　ちょっと、まとめてもう一回持ってきて！」

すごすごと引き上げる若手営業担当者のA君。心の中ではわだかまりがあるものの、今日のところは、これ以上粘っても無理だと考えて引き下がりました。なぜ、わだかまりがあるのか？

自分では、これまで何度も課長に報告しているつもりだったからです。背景の説明もしていたつもりだったのですが、上司である課長は、まるで初めて聞く話のような態度でした。

なぜ、こうなってしまったのか。この稟議書の決裁が遅れると、お客様への返答がまた遅れてしまいます。しかし、上司の了解を得ることができない以上、勝手なことはできません。

以前、見切り発車で勝手に仕事を進めてしまい、課長から大目玉を食らった経験があるため、さすがにまたそれをやるわけにはいきません。

対応が遅くなると、お客様からの信頼も損なってしまいそうなので、それも辛いのですが、課長対策でもう一度説明資料を作ることを考えると、さらに憂鬱になるA君でした。

会社組織では、必ず上司の了解の下に仕事を進めなくてはなりません。これは、民間企業に限らず、官公庁や医療機関、各種団体など、いわゆる組織社会では基本はまったく同じです。役職が上がっていくほど、自分で自由にできる範囲も広がっていきますが、一担当者のうちは、かなり細かいことでも上司の了解を取りつけることが求められます。これを「決裁」と言います。

冒頭の事例のように、金銭の使用を伴う「稟議書」だけでなく、仕事そのものを進める了解を得る「決裁」もあるし、自分自身の状況を知ってもらうための「報告」も求められます。

このように、上司とコミュニケーションを取っておかなければならないことは、たくさんあるのです。忙しそうに動いている上司をつかまえて話を聞いてもらうことは、なかなか難しいことですが、上司を突破しておかないと、自分自身では何もできなくなってしまいます。

上司が、お客様のところに一緒に行ってくれれば早いのに、と思うこともあります。自分が担当しているお客様の多くは、上司がかつて担当していたお客様であり、もし上司が同行してくれれば、お客様がおっしゃることも上司に伝わるため、かなり助かるはずです。

しかし、今では自分を含めた数多くの部下を抱えている課長です。同行してもらえるとしても、月に1回あるかないかでしょう。これでは、同行によって理解してもらうことなど期待できそうにありません。

そもそも課長は、頻繁に会議に呼ばれているようです。何がそんなに忙しいのかはわかりませんが、時間がないことだけは間違いなさそうです。同僚や先輩はどうしているのか。同じようにみんな、課長の了解を得なくてはならないはずですが、なかにはうまくやっている人もいるようです。

しかし、その方法がよくわかりません。同期の友人に聞いてみたこともありますが、特別なことをしているようには見えず、むしろ自分のほうが、細かく報告する努力をしているように思えてしまいます。

そうなるとやはり、上司の「好き」「嫌い」によって判断されているのか。そう考えると、A君はいつも暗い気持ちになってしまいます。

表向きには、査定は「好き」「嫌い」ではないとされています。しかし、最終的には人間が行なうことです。査定に、絶対に感情が入らないとは言い切れません。

では、人事異動があるまで、ずっとそのような状況が続くのでしょうか。実績を上げることができないままでは、人事異動の際にもいい条件を得ることは難しいかもしれません。

何とか今の状況を打開したいのですが、「上司の決裁を簡単に取れる方法」といった研修はないし、そんな本を見たこともありません。

決裁を取るのに、何度も上司に説明に行かなくてはならないということは、仕事のスピードが遅くなるということです。他の人が、1回で決裁が取れることを3回もかかっているとすると、単純に考えても3倍の時間がかかっていることになります。

これだけ、仕事にスピードが求められる時代に、3倍もの時間をかけているということは大きな問題です。「決裁」を取る回数は、そのまま「仕事の効率」に大きな影響を与えるということになるのです。

2 やり直し、出直しでサービス残業に

上司への説明がうまくいかなかった以上、やり直しの仕事が発生することになります。上司が、「背景がわからない」ということであれば、その背景を説明する資料を作成しなくてはなりません。過去の報告書から抜粋したり、新たに図表を作るといった作業が発生します。

これらの仕事をいつやるのか？　営業職であれば、基本的には日中は営業活動を行なわなくてはなりません。パソコンを携帯したり、タブレット端末を持ち歩くことが当たり前になったとはいえ、資料の作成をじっくりやるには、移動中ではなかなか難しいでしょう。

やはり、帰社してから行なうことになります。会社のデータベースや紙の資料を使用するとなると、なおさら会社でのデスクワークが必要です。外回りの営業から帰ってきて、報告書作成などのルーチンワークを終わらせた後で、さらに資料の作成を行なうことになるわけです。

このような業務は、「はみ出した」業務になるため、残業代を認めてもらえないケースになるかもしれません。そもそも、営業職では残業代がつかないこともあるため、必然的に「サービス残業」ということになります。

サービス残業によって、はみ出した仕事をするということは、給料が増えないのに働く時間は増えるわけですから、時間当たりの単価は下がる、ということです。これも、効率を下げているという見方につながります。

今、企業はできるだけ短時間で売上げと利益を上げることが求められています。そのために製造業では設備投資をし、生産性の効率を上げようとしています。

またどの業種でも、コンピュータやデータベースなどのインフラを整備し、効率的に仕事ができる環境を整えようとしています。たしかに、そのような面での効率化は進んでいますが、それを使う人間の生産性まで向上しているかどうか。私はここに大きな疑問を持っています。

つまり、「上司の決裁を取る」方法という面での効率化が図られない限り、企業が投資した設備もインフラも、十分には活かすことができないということです。ハード（設備やインフラ）とソフト（人間の行動や判断）がかみ合ってこそ、本当の生産性向上に結びつくはずです。

また、サービス残業を行なう環境では、こんなことも起こっています。それは、夜遅くなればなるほど、社内はだらけた空気になってくるということです。

遅い時間になると、課長をはじめ、上司は帰ってしまっていることが多いはずです。また、要領がよくて残業をしなくていい人も帰っているはずです。すると、遅くまで残っている人は、よほど忙しい人か要領がよくない人、ということになります。

忙しい人は、だらだらする余裕もありませんから、仕事に没頭しているかもしれませんが、要領がよくない人同士の場合、愚痴の言い合いになってしまっているかもしれません。そこでよいアドバイスをし合える仲であればいいのですが、うまくいってない人同士では、それすら期待できません。

その結果、愚痴ばかりになってしまい、前向きな解決策を見出すということにつながっていきません。最悪の場合、仕事を打ち切って、飲みに行ってしまうことがあるかもしれません。これでは、たとえ残業していたとしても効率は下がる一方です。

やり直し・出直しということになると、何か新たな武器が必要です。それは多くの場合、〝資料〟ということになります。新しい資料によって、自分自身で理論武装をするわけです。そうなると、作業時間はかなり増えてしまいます。

パソコンを使えば、資料そのものはどんどん作ることができます。資料の体裁も、きれいにしようと思えば、どんどんきれいに整えることができます。たしかに、見やすい資料であることは大切ですが、作り手がかけた手間ほど、効果を発揮するというわけではありません。一所懸命作成した資料も、さらりと目を通されて終わりか、ひどいときには見てもらうことすらできないこともあります。

このように、やり直し・出直しという後ろ向きの仕事でモチベーションが下がった状況では、ますます仕事の効率は下がります。決裁に挑む回数が増えること自体、仕事の効率を下げているわけですが、その回数が増えるほど、やり直しに費している作業の中身という意味でも、さらに効率を下げていることになるわけです。

3 私が言っても信用してもらえないのは、なぜ？

あなたはこれまで、同じことを言っているはずなのに、「誰が言ったか」によって、結論が異なるという経験をしたことはないでしょうか。これは、会社内では頻繁に見られる現象です。自分で話したときには、否定されたり注文をつけられた内容が、上司が言うとすんなり通ってしまう。あるいは、優秀とされる他の同僚が言うと、問題なく通る。

するとあなたは、「それって、もともと私の意見じゃないか!? 最初からそう言っているでしょう！」と思ってしまうわけです。

その憤りはもっともです。たしかに、提供している情報の内容は同じかもしれないし、しかも先にそれを報告したのはあなたなのです。ひょっとすると、あなたのほうが資料の作成や準備に時間をかけたかもしれない。その情報を、上司はただ活用しただけで、同僚に至っては、資料の作成すらしていないかもしれません。

たしかに、こうした事態には腹が立つはずです。そして、あなたはこう考えます。「結局、上層部は中身なんて見ちゃいないんだ。誰が言ったのか、ということだけが重要なんだ。だから、自分が何を言っても無駄だ」と。

では、このときの報告状況を思い起こしてみましょう。話の内容以外の様子として、いったいどのようなことがあったでしょうか？　話をする前の雰囲気、聞き手の状況、そして伝えたときの方法……。自分のときには、資料はたくさん用意していました。そして、それをきちんと順序を追って説明していたはずです。あなたとしては、そこに問題があるとは思えません。

どうしてこうなってしまうのか。上層部は、本当に内容など見ていないのでしょうか。情報提供者が誰か、だけが上司の関心事なのでしょうか。さすがに、それればかりだと仕事が成功するとは思えないし、そもそもそんな会社が存続していくこともできないでしょう。

ですから、内容を無視しているというわけではないはずです。ただし、情報提供が「内容」以外の要素に影響を受けていることは事実です。つまり、上司は内容以外の要素を併せて総合的に判断しているわけです。

では、その「内容」以外の要素とは何でしょうか？　人は話を聞くときに、その伝えている人自身、話の内容（わかりやすさを含めて）、話の伝え方（パフォーマンスを含む）によって総合的に判断しています。

そして、それが最も効率的、かつ成功確率の高い判断となるのです。自分自身が聞いた話を判断するときのことを想像してみましょう。あるいは、報道などで見た情報を判断する場合を想像してみましょう。自分なら、どのような情報元ならすぐに信用するでしょうか？

たとえば、スポーツ新聞の一面の見出しを想像してみてください。一見、非常にセンセーショナルな見出しが大々的に踊っています。しかし、あなたはそれが意図的に仕組まれた見出しで、新聞を広げてみると、小さな「?」が最後についていたり、よく読むと未確認情報であることを知っています。

だから、それを買ったとしても、そのつもりで読んでいるわけです。心の中では、「またまた……それはないでしょう?」といった気持ちです。ですから、見出しを信用しているわけではありません。

一方、同じ情報を日本経済新聞で見かけたとします。まさか、スポーツ新聞のような仕掛けがあるとは思えません。堅いイメージで通っている新聞です。ひょっとすると、記事詳細を読むことなく、タイトルだけで「えっ、そうなんだ!」と思ってしまうかもしれません。

仕事の報告もこれに似ています。情報を判断する前提として、先入観というものがかなり影響していることは事実なのです。それは、あなたが悪いわけではないのです。実績がまだ不十分だったり、確度の高い情報を提供するという実績がない段階では、聞き手は確認(いわゆる「裏をとること」)をせざるを得ないのです。

そして、その同じ情報を実績豊富な上司から聞かされたり、過去に確度の高い情報提供をしてくれた人から聞かされると、その先入観からすんなりと納得してくれるのです。

4 報告していたはずが「聞いていない！」

仕事で必要な「報告」。それを十分に認識しているあなたは、必要なときに必要な内容を、上司に報告するように心がけています。しかし、この必要なとき（タイミング）と必要な内容の判断が難しいのです。

あまりにも頻繁に行なうとうるさがられるし、疎遠になっても怒られる。内容についても、あまり細かなことばかりを報告しても叱られるし、結果だけを報告しても叱られる。さらに、上司によって、求める報告の頻度や内容の基準が異なるため、なおさら神経を遣います。

あなたは、「前の上司はこれでよかったのに、今度の上司は正反対でたいへんだ……」と思っているかもしれません。そして最も困るのは、こちらは報告していたつもりだったのに、「そんな話は聞いていないぞ！」と叱られることです。

たしかに自分は報告しているし、そのときは上司も「それでいいんじゃないか」と言ってくれたはずです。それが、なぜ今になって叱られるのか、まったく納得ができません。

しかし、「聞いていない」と言って譲らない上司と、それ以上議論しても埒が明きそうにありません。

結局、ここはあなたが折れることになり、あなたの不満だけが残るということになるのです。

なぜ、上司は「聞いていない！」などと言うのか？　上司は本当に忘れてしまったのか？

上司がこのような発言をするときには、次のような原因が考えられます。

①報告を受けていたとき、話に集中していなかった
②報告を受けてはいたが、内容を誤解していた
③報告を受けてはいたが、他の案件と混同していた
④本当に忘れていた

これは、いったいどういうことでしょうか？

①報告を受けたときに集中していなかったということは、あなたからの報告を受けるとき、他に気になる仕事や、さらに重要な案件を考えながら聞いていた可能性があるということです。このようなことは頻繁に起きています。部下が、その事実に気づいていないことも少なくありません。

そのため、上司は部下の話を聞いているようでいて、実は断片的にしか聞いていないということです。キーワードは頭に入っているかもしれませんが、話をストーリーとして聞いていないため、理解が不十分になっているのです。

ただ、感覚的には「まだ、重要な判断のタイミングではない」と捉えているため、「まあ、

その線で進めておいて」といったような曖昧な指示になっているのです。

しかし部下は、「これで、上司の指示がもらえた」と思うのですが、上司自身には「指示を出した」という明確な認識がないのです。
②報告を受けていたのに、内容を誤解していた――これも頻繁に起こっていることです。
まずは単純に、説明がうまく伝わっていないというケースです。伝わっていないため、誤解も起こり得ます。

しかし、このようなケースもあります。それは、報告者自身が誤解しているケースです。報告を聞いた上司は、いろいろとコメントをしてくれているかもしれません。あるいは、具体的な行動を指示してくれるかもしれません。

しかし、報告している側の部下は、伝えることだけで精いっぱいで、指示事項を的確に捉えることができていないというケースです。

その結果、上司は的確な指示をしたつもりでいるのに、仕事が進んでいくにしたがって、両者のギャップはどんどん広がっていくことになります。ときには上司は、「あいつは、指示したことを守らないやつだ。俺に反旗を翻しやがった!」と思っている可能性すらあります。
③は、次のようなケースです。上司はさまざまな案件に関わっています。その中には、似たような案件もあります。すると、上司の頭の中で、それらを混同している可能性があります。
部下からすれば、他の案件のことはわからないため、それ自体を予測することは困難です。

しかし、私もこれまで、数多くの報告を受けてきた経験から実感していることですが、あなたは「何の案件か」ということを、きちんと上司に説明しているでしょうか。

部下にとっては、自分の頭の中を占拠している重要な問題であるため、ずっとそのことばかりを考えています。ところが上司は、その問題を考えている時間は、部下に比べて何分の一程度しかありません。

ですから、まず最初に「何の案件か？」ということを、しっかりと上司の頭に植え付けておくことが必要です。

④の本当に忘れていたというケースは仕方がないにしても、それ以外のケースは防げなかったのかどうか、を考えてみる余地がありそうです。

5 資料をたくさん用意すれば、見てもらえるか？

「部長、○○○の件で、ご報告したいのですが」

「あっ、それならデータもつけといて！　わかりやすいやつね！」

このような会話は、社内のあちこちで聞くことができます。たしかに、報告するにも決裁を得るにも、何らかの補足資料が必要とされます。それをすべて、口頭での報告だけでカバーできるのならラクでいいのですが、それができるくらいなら、そもそも上司のコントロールに困ることなどないはずです。

そこで、何らかの補足資料が必要とされます。補足資料とは、「報告の裏づけ」のようなものですから、証拠となるデータを用意することが必要です。

データは、自社に蓄積しているデータであることもあれば、外から持ってきたデータもあります。今はインターネットを使えば、簡単にそれらしいデータが集まるため、それを使うこともあるでしょう。

社内データの場合、生のデータそのものがいいのか、加工したデータ（グラフや図）がいいのかも悩みどころです。また、アンケートを取れば集計をしなくてはならないし、説明の文章も考えなくてはなりません。

そうこうしているうちに、資料はどんどん膨らんでいきます。これらを作成するのにどれくらいの時間が必要でしょうか。当然ですが、資料を読む時間は一瞬でも、作成にはその何倍もの時間を要します。データの入手や、アンケートの実施では、さまざまな人の協力を得なくてはならないこともあります。

それらを活用して、遅くまで会社に残って資料を作成し、自分なりに、「これでいいだろう」と思って上司に報告に行きます。そのとき、資料は十分活躍してくれているでしょうか。

「部長、データを作成して資料を持ってまいりました。関連するアンケートも取っていますので、併せておつけしています」

「ああ、なるほどね。ところで、これに関連してだけれど……」

といって、少し目を通しただけで、スルーされたことはないでしょうか。せっかく時間をかけて作った資料が、いわゆる「チラ見」で終わってしまうわけです。

すると、その資料は本当に必要だったのだろうか、その資料がないと理解できない報告だったのだろうか、といった疑問が湧き起こってきます。

これは、資料を否定しているのではありません。有効なデータは必要だし、必ず求められます。報告内容が、自分の手を離れて上層部や他部署、あるいはお客様のところに届くこともあるからです。

上司の対応にも問題があります。まず、データをしっかりと理解しようとしたか、そのデータが真実を反映しているかどうかをしっかりと追究したかどうか、ということです。

私は、管理職層でデータを正しく読み取る能力のある人がどれくらいいるだろうか、と思っています。縦軸と横軸が何で、そもそも母集団が何で、そこには何らかのバイアスがかかる属性がないかどうかなどといった、データを科学的に見るトレーニングを積み実践ができている人がどれくらいいるのか、はなはだ疑問に思っています。

しかし、一方ではこのような問題も存在しています。作成者自身（つまり部下）が、報告内容にとって本当に必要な資料が何なのか、ということを考えていたかどうかです。

データを豊富に用意すれば、それでよいと思っていなかったかということです。とくに、インターネットから情報を引っ張ってくる場合、本当に必要なデータに行き着くことのほうが難しいと思います。

なぜなら、そのデータを作成した目的が異なるからです。目的が異なるのに、何となく共通していそうなタイトルで、それらしい結論になっているので使っているケースもあります。

そのため、上司から細かな説明を求められたとしたら説明することはできません。そもそも最初から、説明しようという姿勢がないのかもしれません。

これは難易度の高いスキルかもしれませんが、ビジネスマンとしてのスキルアップのためにも、「本当に必要で有効な補足資料」について深く考える、ということが必要なのです。

6 上司を連れて行かないと動いてくれない他部署

仕事は、さまざまな部署と連携して進めている以上、他部署に協力を求めに行ったり、お願いをしに行くことは頻繁にあります。この調整が、スムーズにいくか否かによって、仕事の効率は大きく変わってきます。

他の部署との調整では、お互いの「利害」が必ずしも一致しないために苦労します。直属の上司との話であれば、説明のよし悪しは別にしても、自分の部署の業績を最適化する、という目的は同じです。そのため、そこでブレることはあまりないでしょう。

しかし、他の部署との間では、この目的が同じでないことがあります。たとえば、製造業であれば、営業部門がやりたいことが、生産部門ではやりたくないことかもしれません。その仕事による見返りが、営業部門では大きいと思っていても、生産部門ではそれほど大きな魅力ではないかもしれないからです。

あるいは、こんなケースもあります。ある商品には、お客様に誤解を与える恐れがあるため、表示に注意をうながす表現を入れたい。とくに、品質保証に関わる部署ではクレームを最小限にしたいと考えるため、できるだけトラブルは防いでおきたい。そのため、書かないより書いたほうがよいと考えます。

一方、営業部門はどうでしょうか。もちろん、クレームは最小限にしたいことは同じですが、その注意を促す表示をしたことをお客様に説明しなくてはならない場合があります。すると、かえってお客様に心配を与えてしまうため、できれば避けたいことかもしれません。このように、部署にとっての好ましい状況は、それぞれ異なるわけです。

会社にとっての目的は、ただひとつです。お客様に喜んでいただける商品やサービスを提供し、自社の業績を最大化することです。それが、社会に貢献し株主などの関係者への貢献にもつながるわけです。しかし、それは会社のメリットとしては「最大公約数」のようなものです。

部署単位でみれば、必ずしもすべての案件が最適というわけではないのです。すると、そのときに必要なことは、「その案件が会社全体にとっては最適になる」という〝大義名分〟です。

これがないと、他の部署は動いてくれません。このような難しい交渉に臨むことは、かなりたいへんな仕事と言っていいでしょう。

一所懸命、正論を組み立てて話しますが、なかなか聞いてもらうことができません。何せ、向こうにとっては好ましくない仕事ですから、否定する条件はたくさんあります。できるようにするより、できない理由を並べるほうがラクだからです。

その結果、このような言葉を投げかけられることになります。

「君と話していてもはじまらん！　上司を連れてきて、きちんと説明をしてくれ！」

あなたも、「きちんと」説明はしていたはずなのですが……。結局、上司が出ていかなくてはならないのなら、それまでの時間は何だったのか。

また、上司にお願いすると、こう言われそうです。

「また、ぼくが出ていかなければならないのか？　たまには、自分で処理してくれよ！」

そう思ってがんばったのですが、それが実現できなかったのです。

では、お願いに行った相手の部署の真意は何でしょうか？　本当に断りたい仕事なのでしょうか？　では、なぜ上司を連れて行けば「話ははじまる」のでしょうか？

実は、相手の部署の担当者も薄々はわかっているのです。その仕事を受けなければならないことを。しかし、向こうも組織です。当然、自分の上司を説得しなくてはなりません。

そのためには、正しい情報や資料はもちろん必要ですが、一番助かるのは、自分の力の及ばない「権力」の存在です。自分の力の及ばない上から要望されたことであれば、受け入れる理由が作りやすいのです。

ですから、相手部署の上司から圧力をかけてもらえると、実は楽なのです。部下であるあなたからすれば、納得しがたいことですが、この事実が仕事の効率を左右しているという一面はたしかにあるのです。

7 自分1人だけで完結する仕事など、ほとんどない

ここまで、さまざまな仕事の効率が低下している事例を見てきました。自分では、もっと効率的に仕事を進めたいと思っているはずです。もし、勝手に仕事を進めることができれば、より効率的に進めることができると思ってしまうのです。

では、なぜ勝手に仕事を進めることができないのか？　また、勝手に進めるとどのような問題が起こるのか、を理解しておく必要があります。

うまくいきそうな仕事でも、やってみないとわからない仕事でも、上司の了解を取りつけなくてはならない理由は、「リスクは会社が背負う」ためです。どんなにうまくいきそうな仕事でも、完璧なものはありません。必ず失敗の危険性はあります。

しかし、チャレンジはしなくてはなりません。そのときに必要なことは、「一定の危険性は

あるけれど、チャンスがあるのでぜひやりなさい！」という会社側の判断です。これがあると、失敗したときでも判断したのは会社ですから、責任は会社側にあります。

もし失敗した場合、部下の処遇が悪くなる可能性はあるものの、よほど大きな失敗（法律に抵触するような問題、人命に関わるような問題など）でない限り、あなた自身の身分の保証はされているはずです。

これは、組織に属している大きなメリットのひとつです。自分自身で勝手に判断してできるのであれば、仕事は早く進むかもしれませんが、その代償として、「リスクは全部自分で背負う」という覚悟が必要です。

まれに、組織に所属しながら、「自分で責任を取るから、俺の勝手にやらせろ！」と言う人がいます。この人は、全責任やリスクを自分で負っているつもりかもしれませんが、それは大きな勘違いです。

なぜならば、その仕事にチャレンジしていること自体、すでに会社の力を借りているからです。

上司の了解を取りつけることは面倒ですが、部下であるあなたを守ってくれる大切な仕事であることが理解できることでしょう。

つまり、組織で仕事をする以上、自分1人で完結する仕事など何ひとつありません。程度の差こそあれ、すべての仕事は誰かの了解の下に進められます。程度によって、上司の決裁まででいい仕事、さらにその上司の決裁まで必要な仕事、最終的な判断者（つまり社長）の決裁まで必要な仕事、というランクが決められているのです。

すると、この「決裁を取る」能力は非常に大切になってきます。これがないと、自分の仕事は必ずどこかで止まってしまうことになります。この止まる回数を最小限にすること、できれば一度も止まることなく進めることが、仕事の効率を上げるためには重要です。

逆に言うと、仕事の効率が悪い人は、この止まる段階が多いと言えます。ひょっとすると、止まっていることに本人自身が気づいていないことすら、あるかもしれません。とくに、止まり慣れている（？）人は、それが常態化しているため、止まっているという認識がないのかもしれません。

しかし、何とかして、仕事を止まらないようにしなくてはなりません。決裁をすみやかに通すためには、事前の報告や相談を的確に行なっておく。さらに、そのための資料作成をはじめとする準備を最適化しておくことが必要です。

判断が、上司の上司まで必要になってくる場合や、他の部署の協力を得なくてはならない場合は、上司とともに行動しなくてはなりません。それはたいへんなことのように思われますが、こう考えてみてはどうでしょうか。

自分がしている仕事は、お客様や取引先、あるいは社内の他部署の了解の下にしか実現し得ないはずです。

すると、目の前の最初のハードルである、「上司」ですら了解しない仕事が、それらの方々に「了解」されるでしょうか？　それは、地方大会の1回戦を勝ち上がれないのに、全国優勝を狙うようなものです。

上司の了解を得て協力を得るということは、自分の仕事を成功させるための最初の関門と捉えることができます。たしかに、その関門は厳しいかもしれません。むしろ、お客様のほうが理解があるように思えるかもしれません。

しかし、地方大会の1回戦で強豪と当たってしまうこともあり得るわけです。そのときには、ここさえ突破できれば、次のほうが楽だ！　と考えればいいのです。何せ、自分1人で完結する仕事など、ないのですから。

2章

上司を動かせないと仕事の効率は上がらない

1 上司を動かしている人は何をしているのか？

1章では、上司をうまく動かさないことには、いつまでたってもあなたの仕事の効率は上がらないことをお話ししました。では、上司をうまく動かし、効率よく仕事を進めている人は、いったい何をしているのでしょうか。

おそらく、みなさんの周りにも、上司をうまく動かしている先輩や同僚がいると思います。なかには、後輩であるにもかかわらず、上司をうまく動かしている人がいるかもしれません。

では、その人たちに質問してみましょう。いつも、どうやって上司をうまく動かしているのですか、と。すると、こういう返事が返ってくるかもしれません。

「いや、特別なことは何もやっていないけどな」

そう。うまくやっている人たちは、ただ普通にやっているつもりなのです。普通に、上司を動かすような行動をとることができてしまうのです。そのため、とくに改まって秘訣を聞かれても、答えることができないのです。

では、上司をうまく動かす方法が広まらない理由は何でしょうか。それは、「ノウハウ化」されていないからです。他の人がある方法を実行しようとした場合、実行可能な「ノウハウ化」されていることが必要なのです。

それは、誰でも明日からでも実行可能な、具体的なものでなくてはなりません。うまくやっている人が、自分が何をしているのかを客観的に分析し、それを具体的な行動パターンによって目に見えるようにする。そういうことをしてくれればいいのですが、そんなことをやってくれる人はめったにいません。

一般に、上司をうまく動かすことができる人ほど早く出世をします。そして、上司になってからさまざまな部下を指導するとき、上司である自分をうまく活用できない部下がたくさんいる、という事実に直面します。

しかし、それを具体的に指導するノウハウを持っていないため、うまく部下を導くことができません。自分ではできるのですが、やり方を部下に指導できないのです。

その結果、うまく自分を活用して仕事を効率的に進めてくれる部下に、重要な仕事を任せざるを得なくなります。そうして、上司をうまく動かすノウハウは明るみに出ることはなく、無意識にできる人たちだけの隠れたノウハウとなってしまうのです。

上司に仕事を任せてもらっている人を見ると、よく「彼は上司に可愛がられている」という言い方をされます。

では、上司は本当にその部下が「可愛い」のでしょうか。「可愛い」から仕事を任せているのでしょうか？　決してそうではありません。仕事を効率的に進めてくれるから任せているに過ぎません。

しかし、外から見ている人は、それを個人的な好き嫌いで行なっていると思ってしまいます。むしろ、そのようにして自分自身で納得しているだけかもしれません。自分もできるはずなのに、チャンスに恵まれない。それは上司に好かれてないから、というわけです。

しかし、仕事ができる部下が可愛く思えてくることはあっても、可愛いから仕事を任せているわけではないのです。

上司をうまく動かしている人が何をしているのか。それを知り、自分も真似ることができるようにするためには、是が非でも、その行動の裏にある潜在的な「ノウハウ」を引き出す必要があります。

そして、誰もが真似て実践できるような目に見える行動パターンにすることができれば、仕事を効率的に進めることが、ぐっと現実味を帯びてくるはずです。

2 他部署は、部署としての判断を求めてくる

他部署の人と担当者同士で話をしていても埒が明かないとき、「上司を呼んで来い！」と言われる話は前章で書きました。では、他部署と話をするには、必ず上司が必要なのでしょうか。

もちろん、そんなことはありません。毎回そんなことをしていたのでは、担当者など不要になってしまいます。

ではどうすればいいのか。これは、相手が何を気にしているのか、をしっかり理解しなくてはなりません。相談される他部署の担当者の立場になってみましょう。

たとえば、生産部門のあなたのところに、企画部門のAさんが相談に来たとします。新しい商品の生産をしたいという相談です。もちろん前向きな話なのですが、話を聞いていると、どうも少し問題がありそうです。

まず、その商品を作ろうとすると、通常の生産のオペレーションを変更する必要がありそうです。また、設備も変更しなくてはならないかもしれません。すると当然、ある程度の生産量を確保しなくては割に合わないことになります。

しかし、その見込みがどうも不安です。どこまで信憑性のある計画数量なのか、少し疑わしい印象があります。このような状態で、生産部門のあなたが考えることは、いったいどんなことでしょうか。

何も変更する必要のない仕事であれば、あなたの裁量でＯＫの即答ができるかもしれません。しかし、オペレーションを変更する、ましてや設備を一部改良する必要があるとなると、上司の決裁が必要になってきます。

つまり、今相談されたことを、今度は自分が上司に説明しなくてはならないのです。だとすれば、自分自身が納得できなければ話はできないことになります。否定するなら、納得していなくてもいいのですが、応援してあげたいからこそ納得が必要になります。

そうすると心配な点とは、このケースで言えば、その仕事が成功する可能性です。本当に必要数量が出荷される可能性があるのか？　その裏づけはしっかりと詰められているのか？　そして、実はそれ以上に大切なことがあります。それは、「企画部門として、この仕事はどうしても通したい仕事なのか？」ということです。

計画が精緻であることは必要だし、裏づけがしっかりしたものであるほど、ありがたいことはたしかです。しかし、その根底に、「この仕事を成功させたいというのは、部署の総意なのです！」という、強い思いがほしいのです。

だからこそ、話をしながらもあなたは、相談者のAさんが、どれくらいAさんの上司と話をしているのかが気になるわけです。Aさんは、口ではこう言います。「きちんと上司の了解を取っています」と。しかし、実際は取っていない、あるいはそこまできちんと説明が届いていないケースを、私自身、嫌というほど経験しています。

そこで、相談者のニュアンスを探るわけです。過去の、Aさんとの仕事の経験も思い出します。過去に同様のケースではどうだったか。Aさんは、きちんと上司に根回しができる人か、そうでない人か。まず、それを考えます。そして不安だと思うと、「悪いけど、上司のB課長ともう一回来てくれない？」となってしまうわけです。

仕事をしているのは自分自身であり、その熱意は必要です。しかし、組織ですから、形式的には部署対部署の取引ということになります。Aさんからの依頼ではあるものの、正式には「企画部門の依頼」となるわけです。

それをしっかりと演出してあげることが、生産部門の担当者を助けてあげることになるわけです。企画部門全体の総意で依頼されているのであれば、生産部門の上司に話をする際、「企画部門からお願いが来ていまして……」という形であげることができるのです。

生産部門の担当者としては、Aさんには申し訳ないけれど、「企画のAさんから頼まれている」という言い方ではなく、「企画の責任者のB課長から頼まれている」という言い方をすることも必要なのです。

そのとき、実はB課長はそのような認識ではなかった、話を聞いてなかった、となるのが怖いし、後々自分が生産部門の上司から叱られることになるため、そこを気にすることになるのです。

「悪いけれど、上司のB課長ともう一回来てくれない？」と言われるのは、決して毎回上司が同席しないと話が進まないのではなく、「上司をしっかりと巻き込んでおいてくれないと、お互いにやりにくいよ」というメッセージなのです。

そのような意図を汲んだ仕事の実績を作って信頼を築くことができれば、よほどのことがない限り、「上司を連れて来い！」とは言われなくなるはずです。

3 お客様も、会社としての判断を前提としている

上司や他部署との連携の話をしましたが、これはお客様が相手でも同じです。お客様に何かを約束するとき、それは当然、会社と会社間の約束ということになります。お客様からお願いをされたとき、瞬間的にそれは会社の了解を取りつけることができそうか、あるいは厳しそうかなど、ある程度のイメージは持っておくべきでしょう。

このとき、大きく分けて二つのケースがあります。ひとつは、お客様のご要望を受けてあげたいが、上司の了解を必要とするケースです。もうひとつは、自分では受けるべきではないと判断するものの、勝手に断るのはまずいと考えるケースです。この二つのケースを混同すると、実に効率が悪くなります。

私もかつて、営業の責任者だった頃、営業担当の方からよく相談を受けました。このとき、営業担当者の意向というものが見えないときがあります。担当者としては、いったいどうしたいのか、お客様のために何とかしてあげたいのかどうか、が見えないと、ありきたりで一般的なアドバイスしかできません。

しかしこれでは、上司の無難で保守的な判断を誘発するようなものです。自分が持って行きたい結論に誘導するような相談の仕方をしてみましょう。担当者の立場としては、通したいな

ら通したいように、断りたいなら断りたいように持って行くことが必要です。でないと、通したいのに断られる、逆に断りたいのに通されてしまう、ということになり、非常に効率が悪いからです。

基本的に、現場のことは現場の担当者が一番よくわかっているはずです。そこに、**「会社の判断」という大義名分**がほしいだけなのです。

断りたいときなら、自分ではなく「会社」の判断をうまく使って断るのです。一見ずるいようですが、これは合理的な方法と言えます。

「いただいたご要望を社に戻って検討したのですが、どうしてもお受けするだけの準備がないということになってしまいました。私は、何とかご期待にお応えしたかったのですが、力不足で申し訳ありません」といった感じです。

ここでお客様が、「あなたでは話にならないから、上司を呼んできてください！」となる可能性もありますが、少なくともここで断念されるお客様もいるわけです。「話にならない！」と言うお客様は、引きずっても結局そうなるわけですから、それなら早くに上司を連れて行ったほうが、結論は早く出ることになります。したがって、仕事の効率はよくなるというわけです。

ただし、これを乱発すると、上司を連れて行ったとき、困ることになるため要注意です。かつて私の上司は、ある部下と得意先に同行してそこで、「あなたですか。何でも否決されるという噂の上司は」と言われたことがあるそうです。担当者は、断るときにいつも上司を悪者にしていたのでしょう。こうならないように、乱発はやめておきましょう。

また、このような発想を理解していると、他の人のやり方の裏を見通すときにも有効です。私がかつて、コンサルティングに入っていたお客様のケースです。そこでは、現場責任者の方と考え方が折り合わないことがありました。

ただ、その方はしきりに、「私は新名さんの意見がいいと思うが、社長が納得しない」とおっしゃっていました。

その社長の基本的な考え方を理解していた私は、「どうもおかしい」と思って、やんわりとその社長に探りを入れてみたところ、やはり、現場責任者の方が自分が受け入れたくない意見だったので、それを社長のせいにしていたことがわかりました。こういうことが見抜けるのは、自分自身も使ったことがある手法だからです。

4 「上司がいない」という理由で止まる仕事

上司に、すみやかに相談や報告を行なって仕事を進めたいのだが、上司が忙しくてなかなか話を聞いてくれない、という方はたくさんいることでしょう。上司は、とにかく忙しいものです。とくに、プレイングマネージャーという人も少なくないため、自分自身の仕事もたくさん抱えています。

すると、そもそも席に座っていること自体が珍しい、ということになります。「会議もあるし出張もある。いったい、どこで相談しろというのですか？」という意見も出てきそうです。「上司がいない」という理由で仕事が止まる。これは、実に残念な状況です。なぜなら、その上司に、そのことを理由に叱られることになるからです。

「私がいないからといって、仕事を止めるな！」と言われかねないのです。上司は上司で、重要なことは必ず部下から、随時相談してくるものと思っています。それを上司から、「どうだ？　何か重要な報告はあるか？」などと聞いてくれるほど、上司は暇ではありません。ですから、部下のほうからどんどん話しかけることは、むしろ望ましいことなのです。ただしそのタイミングと方法は少し考える必要があります。

私も経験があるからわかるのですが、忙しい人は常に何かを考えています。その考えていることを中断させられることは、大きなストレスとなります。

ましてや、その考え事は上司にとってはかなり優先順位の高い問題であるはずです。であるなら、なおさら他の問題を考えている余裕などありません。上司は、そのような状態のときに無神経に話しかけられたり、電話などで思考を中断させられると、イライラはピークに達することになります。

すると、部下は部下で、「私の話なんて聞いてくれない……」とがっかりし、よけいに相談できなくなるという、負のスパイラルに陥ることになります。

しかし、それと相反するようですが、上司はこう考えることもあります。「解決できる問題は、できるだけ即時に解決したい」と。上司に届くメールの数は、驚くほど多いものです。外出して会社に戻り、パソコンを開けると未読メールの山。それを読んでいちいち対応していたのでは、いくら時間があっても足りません。

ちなみに私は営業部長をしていた頃、1日平均で200通ぐらいのメールを受け取っていました。そのすべてが重要なメールというわけではありませんでしたが、最も多かったのが、私の判断を仰ぐ相談でした。それを、外出先から疲れて帰ってきて処理することを考えるとゾッとします。

当時は、まだスマートフォンもなく、外でインターネットにつなぐのも簡単ではなかったため、移動中にメールを処理することは困難でした。

すると、できるだけメール以外の手段で仕事を処理したいと考えます。判断するだけなら、携帯に電話をもらうほうがありがたいからです。

しかし、いざ電話をすると上司に怒られることもあります。部下であるあなたは、いったいどうすればいいのでしょうか?

ここで、相談や報告する際の方法を整理してみましょう。相談や報告にはいろいろな方法がありますが、主に次の方法を使っているのではないでしょうか?

・**直接話しかける**……上司が席に座っていてくれるなら、これが最も有効です。しかし問題は、話しかけるタイミングです。

・**携帯に電話をする**……上司が外出中に相談したいときには最適な方法です。しかし、相手の状況が見えないため、忙しいときには着信そのものを無視される恐れもあります。また、細かな資料を見てほしいときには不向きです。

・**パソコンにメールを送る**……相手の状況に関係なく相談できるという意味で、最も汎用性が高いやり方です。しかも、記録に残すことができます。しかし、メールを数多く受け取る上司の場合、他のメールに埋もれてしまう可能性があります。また、いつ見てくれるかわからないため、いつ返事がもらえるかもわかりません。

・**携帯にメールを送る**……携帯電話とパソコンメールの中間のツールです。即時性があり、かつ相手の状況にかかわらず、いつでも送れるのがメリットです。ただし、あまり長いメールを送ることはできず、添付資料が活用しづらいなどの問題があります。

・**待ち伏せ**……忙しくて席に座っていない上司の場合、このような奇襲作戦もあります。たとえば、出ているはずの会議室の外で待ったり、あるいは外出の途中までついて行ったりします。ただし、これは頻繁には使えないため、ここぞというときの秘策です。

これらの方法を目的に合わせて、適切に使い分けなくてはなりません。

それが、部下自身の仕事の効率を大きく左右することになります。

5 会話をするのが嫌だからといって、メールに逃げていないか？

前項までで、上司とコミュニケーションを取るための方法について、いくつかご説明いたしました。最近の若い人は、パソコンのメールを多用する傾向が強いと感じます。

極端なことを言うと、連絡手段の第一の選択肢がメールになっているようです。メールそのものは有用なツールだし、私自身も多用していますが、これも使いようです。

たとえば、上司がすぐに知りたいことを、部下に調べるように指示したとします。「A君、この件を企画部門に聞いてくれないかな？」と指示された場合を考えてみましょう。頼んだ上司の感覚では、電話一本でその情報を得たいという感覚かもしれません。

しかし、これを部下が、「わかりました。聞いてみます」と答えて、メールで対応していたとしたらどうでしょうか。運よく、すぐにレスポンスがあって情報を得ることができるかもしれませんが、相手の対応によっては数時間後になるかもしれないし、下手をするとその日のうちには返事が来ないかもしれません。

この、いつ情報が来るかわからない、ということが、上司の仕事の効率を下げている要因になっているのです。

とくに、部下であるあなたが相談している内容であれば、なおさらです。相談された内容だけでは、判断するのに情報が不十分だったとします。そのために、他の部署に聞くように指示を出しました。その場でわかれば、すぐに返答することができます。

さらに、その情報を得るのが翌日になってしまったとしたら、どうでしょうか。また、あらためて上司にその報告をし、相談する状況を作らなければなりません。

上司は、常にその問題の回答を出すためにスタンバイしているわけではないため、また一から上司の頭の中を、その問題に切り替えさせる必要があります。ひょっとすると、そのタイミングによっては、まったく別のことを言い出すかもしれません。さらに、ここであまりにも時間をかけ過ぎてしまうと、状況が変化してしまうことも考えられます。

すると、せっかく調べた情報も、作った資料もまったく意味をなさなくなってしまうことになります。これほど、効率の悪い仕事はありません。

本来は、指示をした上司自身が、いつまでにそれを知りたいのかを明言してくれればいいのですが、そんな指示はないことのほうが多いはずです。上司自身、そこまで考えていないケースも少なくないからです。

もし心配であれば、こちらから聞いたほうが賢明です。複数の部署や人に聞かなければならないケースだと、さすがにすぐにはわかりません。その場合は、翌日までかかるかもしれないため、その旨を伝えます。

上司からすれば、それなら複数の部署でなく、ある部署の意見だけでもいいと考えるかもしれません。

資料の作成であれば、さらに時間がかかるため、その日のうちにできるのか、あるいは数日かかってしまうのかを確認しておかないと、せっかく作った資料が無駄になってしまうおそれもあります。

ある程度、仕事の経験を積んでくると、これから取り組む仕事にどれくらいの時間が必要か、ということが読めるようになってきます。

調べたり、資料を作る仕事でも、それをどれくらいの時間で終えることができるのかがすぐにわかるようになると、上司への相談も格段にうまくなります。そして、その時間を伝えることもできるわけです。

メールで聞くことは、決して悪いことではありませんが、仕事の成果を得る時間を読むためにも、聞いてすむ話は電話ですませる。くわしい情報や数字を文字でほしい場合にはメールを使うといった具合に、使い分けをすることが大切です。

6 上司を動かせない人は後輩も動かせない

上司を動かすことができないと仕事の効率は上がらないわけですが、これは上司に限ったことではありません。仕事をしていると、後輩に助けてもらわなくてはならないことも、たくさんあります。

私はかつて、年上の部下をたくさん持つという経験をしました。28歳のとき、新規事業部門の責任者を命じられました。私自身は責任の重さに緊張しながらも、やる気に満ち溢れていました。

ただ、心配だったのは、部下の多くが私よりも年上だったことです。なかには、自分の親ほど歳の離れた方もいました。すると、立場上の強制力だけで動いてくれるだろうか、という不安がありました。事実、いくら私が正論を声高に叫んでも、動いてくれないという壁にぶち当たったのです。

そのような場合、表向きは私に反対することはありません。しかし、実際の仕事では方針通りのことをやらず、後からできない理由をいろいろと述べたてる人も現れます。このとき、立場上の強制力だけでは人は動いてくれない、ということを痛感しました。

では、このような場合、いったいどうすべきなのか大いに悩みました。その結果、相手の経験と力を引き出すためには「お願いをする」ことが必要である、と気がついたのです。

組織上の立場、すなわち上司と部下という関係と、各々が持っている経験や力量の差は必ずしも一致しません。当たり前ですが、先輩のほうが経験や力量をたくさん持っています。ただし、立場上は部下というだけです。

すると、その経験や力量はお願いしてでも引き出さなくてはならない。それをもとに、自分は戦略を練って判断するのです。部下である先輩は、自分の経験を活用してくれたということで、快くその戦略に賛同して動いてくれるようになりました。

ここで学んだのは、**「相手の懐に飛び込む」**ということでした。立場上の力を使おうとすると、どうしても自分と相手の間に壁を作ってしまいます。そのような状況では、とても相手の懐に飛び込むことなどできません。

では、どうすれば懐に飛び込むことができるのか？　そこで必要なことは**「自己開示」**でした。相手に懐を開いてもらうためには、まずは自分自身が懐を開くのです。そして、その状態で相手にぶつかっていくのです。すると、相手もそれに応えてくれるようになるのです。

このような状態が作れないと、人は動いてくれないということに気づいたのです。自分がどういうことをしようとしているのか、何に困っているのか、何に悩んでいるのか。こういったことを、自己開示しなくてはならないのです。たとえかっこが悪くても、それは示さなくてはなりません。それを隠しているうちは、相手は動いてくれないからです。

組織上の上司であっても、こういうことがあるのです。ましてや、強制力の効かない後輩に動いてもらうには、**「お願い」という要素**が必要なのです。相手の力を借りなくてはならない。そのためには「お願い」する――きわめて、当たり前のことのように聞こえます。

しかし、これができない人が非常に多いのです。組織に属していると、立場によって態度を変える人がいます。上司には低姿勢なのに、部下にはやたら横柄な態度をとる人。先輩にはペコペコするのに、後輩には威圧的な態度をとる人――このような人は危険です。仕事の内容ではなく、自分の立場だけで立ち回るからです。このような先輩から仕事の協力を求められて、あなたは気持ちよく動くことができるでしょうか。

後輩にお願いをする際、自分が何をしようとしているのか、何に困っているのか、どう助けてほしいのか――こういったことを伝えなくてはなりません。これをせずに、「手が足りないから手伝え！」という口調で、「お願い」したつもりになっていないでしょうか。

「お願い」は、決して相手に媚びへつらうことではありません。また、下手に出ることでもありません。自分が考えていることを、しっかりと相手に伝えたうえで協力を求める、ということです。

そこには、上下関係も先輩後輩もありません。そのうえで、後輩の力を必要としていると伝えることができれば、協力してくれる後輩はたくさんいるはずです。そして、それができない限り、いつまでたっても仕事の効率は上がってこないでしょう。

7 影響力のない人は、組織の中では無意味

上司を動かすことができないと、仕事の効率は上がりません。これは、まぎれもない事実です。そして、それは他部署、お客様、後輩とのコミュニケーションにも大いに関係します。

1章で示したように、仕事は1人で完結するものではありません。それどころか、1人で完結する仕事など、何ひとつないと言っていいでしょう。

私は現在、独立起業して1人で会社を経営しています。では、1人ですべてが完結しているのかというと、まったくそんなことはありません。1人で経営していても、多くの方に助けていただいていることを実感しています。

むしろ、大きな組織に属していたときのほうが、人から助けていただいていることを忘れていたように思います。

いずれにしても、仕事は人に助けてもらって初めて成り立ちます。すると、助けてもらうための術を持たないということは、組織で仕事をする人間にとっては致命的なハンデになります。そして、助けてくださる多くの人の中で、最も身近で、最も自分の仕事に影響を与える人が上司なのです。

逆に言うと、**上司を動かす力を持つということは、組織と人を動かす第一歩**なのです。自分の面倒を見てくれている上司を動かすことができなくて、他部署や他の会社の人、あるいは後輩を動かすことなどできません。

なぜなら、それらの人はあなたに動かされる義務がないからです。上司には、部下であるあなたの仕事を指導し、ときに適切に動いてあげる義務があります。ですから、本来は最も動かしやすいはずです。その義務がある上司を動かすことは、人や組織を動かす第一歩と言っていいでしょう。

仕事は他の人や組織に影響を与えて、初めて意味があります。そもそもビジネスは、異なる人と人の間、異なる組織と組織の間に成り立ちます。自分、あるいは自分の組織ができないことがあるからこそ、お金を払ってでも他の人や他の組織に頼むわけです。自分でできるなら、そんな面倒なことをする必要はありません。

逆に、影響力が小さいということは、他にいくらでも替わりになる人がいるということですから、少し事情が変われば、簡単に替えられてしまいます。この最小単位が上司と部下の関係であり、大切なエッセンスがそこに集約されているのです。

では、組織からいなくなって困る人は、どんな人でしょうか？　人事異動や退職で、特別なスキルを持つ人に抜けられて困る、ということがあります。よく、これはその人しかできない仕事だから、抜けられると困る、ということを聞きます。

しかし、そのような仕事は不思議なことに、できる人がいなくなると消えていくのです。誰も引き継ぐことができないためです。そして、組織は何事もなかったかのように淡々と仕事をこなしていくのです。

本当に困るのは、「影響力のある」人が抜けたときです。影響力がある人は、他の人と人、他の組織と組織をつなぐ役割をしています。

ですから、この人が抜けてしまうと、組織が機能不全に陥ってしまうことになるのです。個別のスキルもたしかに大事ですが、この他の人や組織に影響力を持つ人がいかに大事か、ということです。

3章

上司を動かすことで、あなたの仕事はこんなに改善される

1 決裁が早ければ、それだけ実行も早くなる

上司に早く決裁をいただく、すなわち進めてもよいという了解をもらう――これは、ビジネス上で、どのような効果があるのでしょうか。

当たり前の話ですが、早く決裁をもらうことができれば、それだけ早く実行に移すことができるわけです。この当たり前のことがわかっていながら、ここで悩み、悶々とした時間を過ごしていることが少なくありません。まるで、自分の力の及ばない世界に判断を委ねているような気持ちになっているため、待ちの姿勢になってしまいます。

しかし、本当にそうなのでしょうか？ 自分の力の及ばない世界なのでしょうか？

上司と部下の利害関係が一致しないことは、たしかにあり得ます。しかし、個人的な都合が絡む場合を除くと、部署としての方向性としては、おおむね利害関係は一致するはずです。

仕事を円滑に回して業績を向上させる。そのためには、具体的な案件をどんどん進めていかなくてはなりません。すると、部下から相談されて許可を求められたことは、なるべく早く結論を出したほうがいいはずです。

方向性がいいなら、それを実行に移すように指示する。逆に、よくないなら方向転換させるか、別の方策に取り組むように指示しなくてはなりません。部下にしてみれば、「そうわかっ

ているなら、早くしてほしい」と思うかもしれません。

では、なぜ上司が早く判断できないのか。その理由は簡単です。判断するに足る情報が不足しているからです。情報不足の段階で、無茶な判断をしてはならない、ということを上司自身はわかっているのです。

部下は、上司に判断を委ねると、その後は上司任せになると思ってしまいます。たしかに、上司の判断を簡単に操作できるわけではありません。

しかし、上司も判断に迷っていて情報不足だと感じているのであれば、それをアシストすることは十分に可能です。むしろ、そのアシストをしてくれた案件から処理したいとさえ思っています。

ですから、数ある案件の中で優先順位を上げてもらいたいなら、このアシストを有効に行なうことが必要です。上司も情報不足だと思っていながら、それを持ってくるように指示したり、部下からヒアリングすることが、ついつい後手に回ってしまうことがあります。

そして、後手に回るほど、上司も部下にその指示を出しづらくなります。心の片隅では気にしながらも、他の案件の処理に逃げたり、忙しくてかまっていられないふりをします。しかし、本当の優先順位なんて、上司自身にもよくわからないのです。

ですから部下としては、ぜひとも有効に情報提供をして、上司の判断にひと役買ってあげてください。そうすることで、必然的に優先順位が上がっていくはずです。

そして、早く決裁してもらって進めるためのGOサインをもらうことができれば、早く実行に移すことができます。不思議な話ですが、早く決裁した案件ほど、上司も助けてくれます。

上司にとっても、いい仕事をしたという印象が強く残っているため、その後のフォローの意識が芽生えています。

ましてや、部下が心地よいアシスト（情報提供）をしてくれているわけですから、なおさら〝助けてあげたい〟という気持ちになっているはずです。

すると、その後の進め方や、次の相談や決裁のタイミングについても非常に有利になります。相談に行ったときの対応も、「そうそう。その件、僕も気になっていたんだよ！」といった、前向きな反応をしてくれるはずです。

一方、うまくアシストができなかったケースでは、どうでしょうか。実は、上司自身もその案件を放置していたことについては心苦しく思っています。しかし、「すまない。放置していた……」などということは、プライドが邪魔をして言えません。

ですから、「えっ？　あの案件？　あんな中途半端な情報で判断できるか！」などと叱ることで自己防衛をしてしまうのです。本当は、明確な指示を出していない上司にも責任はあります。しかし上司も人の子です。叱ることで、自己防衛をしてしまうのです。

そして、いったんそのようなマイナスの印象を与えてしまった仕事は、その後の相談や決裁でもマイナスのイメージを持たれてしまいます。

すると、「まだ、そんなことをやっているのか？　早く進めろよ！」などと言われてしまうかもしれません。

決裁を早くすませるために、上司の判断のアシストをする。すると、その後の進め方にもプラスの相乗効果が出て、頼んでもいないのに助けてくれ、どんどん実行が早くできるようになるのです。

2 やり直し不要の一発ＯＫ

上司が判断する際の情報提供、すなわちアシストをすることで決済が早くなることをお話ししましたが、上司自身も何の情報が不足しているのか、ということは案外わかっていません。ただ、何となく不足していることは感覚でわかります。そのため、その足りない部分を考える時間をかせぐために、「やり直し」「出直し」を命じることはあります。明確に不足している情報を指摘できないため、「検討が甘い！」とか「別の案ももう少し検討せよ！」などという抽象的な言葉で濁して指示をします。

こう言われたときは、「情報が不足しているのだ。ただし、何の情報が不足しているのかは、上司自身にもわからないのだ」と思っていただいていいでしょう。

このようなとき、真正面から「何を持って来ればいいのですか？」とか「何の情報が不足しているのですか？」などと聞いても、明確な答えが返ってくることはないでしょう。上司自身にもわかっていないのですから。

「そんなことは自分で考えろ！」と言われるか、「そんなことまで上司に頼るな！」などと言われるのが関の山です。そして、そう言われた部下はたいていすごすご引き下がって、上司から何を望まれているのかがわからないまま、情報収集や資料作成を進めていきます。

何が望まれているかがわからないため、部下は推測したり、周りの人にアドバイスを求めながら進めていきます。そして、ある程度まとまった段階で、もう一度上司に相談に行くのですが、ここで成功する確率は決して高くはありません。

なぜなら、求めたほう（上司）も不明確で、対応したほう（部下）も不明確な状態で突き合わせるのですから、再提出した情報や資料が的を射ている確率が高いわけがありません。ということで、ここでも結論を得ることができず、再度迷路に入り込むことになります。この時間が、非常にもったいないわけです。

部下は、できればやり直しなど何度もしたくないはずです。上司としても、何度もやり直した案（しかも的外れな）の検討になど付き合いたくないわけです。とくにもったいないのは、完成度の高い資料や情報を持って行こうとすることです。目的が不明確でもあるからです。

それが、求められているものなのかどうかもわからないのに、その精度を高めても仕方がありません。ただし、部下はこう言われるのが怖いのです。

「こんな、まとまりのない資料ではわからない！　きちんと整理をして、もう一度持ってきてくれ」と。

こうして、部下は完成度を高めなくてはならないと考えます。しかし、実は資料の完成度など求めていないことが少なくないのです。

また上司自身も、自分が何を欲しているのかがよくわからないけれど、持ってきてもらった資料が的を射てないことはわかる。しかし、それを明確に指摘できないため、資料の精度の低さやわかりにくさということに、問題をすり替えてしまっているのです。

やり直しのない、あるいは最低限のやり直しですむようにするにはどうすればいいのか。そのためには、**精度の低い段階で、あえて上司に「ヒアリング」に行くのです。**

ただし、これはあくまでも「ヒアリング」です。「判断」を求めようとすると、「こんなまとまりのない資料ではわからない。きちんと整理してもう一度持ってきてくれ」と言われてしまいます。

ですから、明確に「今後の進め方について、ご意見やアドバイスをいただけないでしょうか？」という言い方で持って行くのです。上司は、「判断」する責任を知っているから肩に力が入るのですが、「ご意見」や「アドバイス」と言われると、そのハードルがグッと下がります。

そして、一緒に問題を考える姿勢になるため、何が不足しているのか、どんな情報が求められているのか、をじっくりと考える態勢ができます。

この態勢を作り、そこで出てきた意見をもとに、次に正式な「判断」を仰ぎに行くようにするのです。

すると、一緒に考えたことだし、明確な指示を出したという自覚が上司自身にもあるため、当然「判断」も早くなります。

部下からすれば、「判断」を仰ぎに行くときも、「ご意見やアドバイス」を求めに行くときも、それほど違いはないように思えるかもしれません。しかし、この両者のニュアンスは、大きく異なります。

早い段階、粗い段階で、あえて意見やアドバイスをもらうという形を作り、方向性を見定めてから精度の高い情報や資料を作成することで、上司自身の意見も明確になり、判断も早くなるのです。

そして、何よりもありがたいのが、部下にとっては準備や対応の時間に無駄がなくなり、やり直しがなくなるということです。この、**「やり直しなしの一発ＯＫ」**が実現できるように、ぜひ意見やアドバイスを上手に求めるようにしてください。

3 信用を得ることができれば、何を言ってもだいたい通る

上司を動かすためには、さまざまな面倒な対応が必要だと思われるかもしれません。「うま

くやっている人は、何となくそういうことをやっているのだろうけれど、自分には、とてもそんなことはできないよ……」という嘆きも聞こえてきそうです。

たしかに、上司を動かすためには少々の手間は必要となります。しかし、たとえるならそれは**製造ラインにかけるイニシャルコスト（初期投資）のようなもの**です。

つまり、自動化できる設備を導入するためには多少のコストは必要となりますが、長い目で見ると、間違いなく効率はよくなります。そのイニシャルコストは、製造のたびごとに必要となるわけではありません。

いったん導入してしまえば、後は壊れない限り使うことができます。上司を動かすために必要なひと手間も、これと同じです。最初にある程度手間をかけて、上司を動かすことができれば、後はどんどん楽になっていくのです。

人は、初期の段階で抱いたイメージをかなり引きずるものです。いわゆる〝レッテルを貼る〟というやつです。一度レッテルを貼ってしまうと、なかなかそのイメージは覆ることはありません。これを活用するのです。私の父の例ですが、こんなことがありました。

私がまだ5歳だった頃、父の仕事の関係で1年間、アメリカのボストンに住んでいたことがあります。父は大学の研究者だったため、現地の大学に研究生として留学していたのです。

その際、父は最初の数ヶ月は、土日の休みも取らずにがむしゃらに働いたそうです。せっかくのアメリカ留学ですから、仕事以外にもいろいろと見聞を広めたかったのですが、それは我慢して、最初の数ヶ月はとにかく仕事オンリーだったそうです。

アメリカの大学ですから、世界最先端の研究をしている大学といえども、休みはしっかり取る文化です。そこで、休みなく働く日本人は新鮮に映ったようです。

すると、「新名は、とにかくよく仕事をする男だ」と印象づけることになりました。すると、土日を普通に休むようになってからも、そのイメージは変わることはありませんでした。

実際、滞在中の後半にはさまざまなところに旅行に行ったり、遊びに行きましたが、最初の数ヶ月のおかげで、非常に高い評価を得ることになったのです。それは、帰国後も仕事で連携するうえで非常に役に立ったようです。初期の段階のイメージが、後々まで影響する一例です。

これは、何も最初はがんばって、後はさぼりましょうということではありません。特別にエネルギーをかけるのは最初のうちだけで、そこでよいイメージを植えつけることができれば、その後は、それほど大きなエネルギーをかけなくても仕事をしやすい環境が維持できる、ということなのです。

このように、ある程度の期間、上司を動かすためにひと手間、ふた手間かけておくのです。そして、それをいくつかの仕事で実践します。そのうち、上司はその部下に対して、「あいつは、なかなか配慮ができるやつだ」という印象を抱くようになります。

そのようなイメージがある程度定着すると、それほど手間をかけなくても、「彼（彼女）なら、いろいろな検討を重ねたうえでの相談だろう」という目で見てくれるようになります。

すると、以前なら求められたような情報や資料を提示しなくても、次の段階に進む許可が得られるようになります。いわば「顔パス」です。

ここまでくれば、先ほどの自動化ラインのたとえで言うと、どんどん低コスト、低労力で製品を生み出す段階です。元が取れている、ということです。

よく、この段階だけを傍から見て、「なぜ、あの人が相談に行ったときには、あの程度の準備でもOKなのか。自分なら、絶対にそんなにうまくはいかないはずだ！」と思う人がいます。

そして、その原因を「あの人は課長のお気に入りだからな……」とか、「部長に可愛がられているからだ……」などということに転嫁しがちです。

しかし、決して何の努力もなくその地位を獲得したわけではなく、そのような地位に至る、前段階の努力によって現在の地位があるわけです。いわばブランドです。

ブランドとは、「約束された機能や品質などのイメージ」です。ブランド化されたビジネスパーソンは、上司から見れば、「約束された仕事の仕方をしてくれる」という安心感があるのです。

そうなると、先述したように、以前ほど細かくて過剰な対応をしなくても、スムーズに仕事を進めることができるようになります。すなわち、**「何を言ってもだいたい通る」**という環境を作り出すことができるようになるのです。

4 説明上手は資料要らず

上司に理解してもらうために、説明時にツールを使うことは多々あります。それは、商品の現物や試作品、原稿や書籍など、さまざまなものがあります。その中で、最も頻繁に使うものはやはり紙の資料ではないでしょうか。

たとえば、何らかの分析結果、他社の商品やサービスと比較したもの、あるいはマーケット情報から得たレポートなど、さまざまな資料が上司への説明のために作成されています。

しかし、それはいったい、どれくらい活用されているのでしょうか。つまり、作成するために費した時間相応の効果を発揮しているのでしょうか。

私の経験上、報告などの際に使用される資料のうち、3分の1は資料があること自体が目的で、ほとんど見てもらうことができない。3分の1はチラチラと見られる程度、残りの3分の1程度が実際に活躍している資料だと感じています。

それは、見る側（上司）の活用意識の問題もありますが、作成する側（部下）が、過剰に資料を作り込み過ぎていることも影響しています。多くの情報を詰め込み過ぎるあまり、一見しただけでは、その内容が飲み込めない資料がたくさんあります。

情報は、ないよりはあったほうがいい、という発想で入れてしまいがちですが、見る側にとっては、それは邪魔にしかなりません。私も以前、商品ラベルに少しでも心配なことを注意表記として赤字で書き込んでいくと、表示全体が真っ赤になって、何が注意すべきことなのかわからなくなった、という笑えないオチを経験したことがあります。

プレゼンで使用するパワーポイントでは、見て4秒程度で内容を捉えることができない資料からは聞き手が離れていくと言われています。

また、目で見て一瞬で飲み込める文字数は15文字程度とも言われています。紙の資料でも、一瞬である程度概要がつかめる資料しか見てもらえないのであれば、そのようなシンプルさを追求するべきです。

資料の情報量と、口頭説明の情報量を組み合わせて、そのプレゼンテーションが聞き手にどれくらい伝わっているか、ということを調べた事例があります。富士通株式会社の田中宏治氏が、2006年に芝浦工業大学大学院（MOT）で調べたものです。被験者は30名で、統計的に有意な差が確認できたわけではありませんが、最も相手に伝わりやすかった（印象に残りやすかった）のは、「資料がなく簡略な口頭説明のみのケース」という結論です。

その次に簡略な資料で簡略な口頭説明、以下、詳細な資料で詳細な口頭説明、簡略な資料で詳細な口頭説明、詳細な資料で簡略な口頭説明、という順だったということです。

これは、資料はくわしいほどいいというわけではなく、話し手としてはそれだけ伝えたくても、聞き手としてはその何分の一しか受け取ることができない、ということを表わしている事例です。また、説明のレベルと資料のレベルは連動しているということでもあります。

詳細な資料を作るには、当然それ相応の時間がかかります。その時間が有効に活かされているのであればまだいいのですが、この研究事例からもわかる通り、活かされない可能性が非常に高い、ということです。

そうであれば、資料は最小限にするか、もしくは資料なしで説明に磨きをかけたほうが役に立ちそうです。

資料は、報告会後に別途活用される可能性がありますから、記録としても必要となることはあります。ですから、まったくなしということはできないにしても、最小限のシンプルなものに止め、資料作成にかけていた時間を、口頭説明の練習や準備に充てることで、決裁も早くなるはずです。

説明の上手下手は、場慣れや才能のように言われることがありますが、決してそのようなことではなく、聞き手がわかるような伝え方の練習をしっかりすることで、誰でも上達します。

プレゼンテーション力や説明する力は、ビジネスパーソンには必須の力であり、それが上司を動かすためのスキルとしても大きく貢献することは間違いありません。

5 「聞いていない」はずでも「聞いていたかな？」に！

仕事の進め方で上司から信頼を得ると、何を言ってもだいたい通る、というお話をしました。その結果、「報告していない」ことでも、「報告していた」ことになってしまうケースすらあります。

もちろんこれは、「ウソをつきましょう」ということではありません。報告はしなくてはなりません。ただし、改まった報告をしていなくても、簡易な報告さえしていれば、それで十分に通ってしまうということなのです。

現在のビジネスでは、メールによる報告が一般化しています。メールは、相手の都合で見てもらうことができます。あるいは、複数の人に同じ情報を同時に配信することができる、などのメリットがあります。

忙しくて、いつもデスクにいない上司への報告にはもってこいのツールです。送りっぱなしでも、それほどマナー違反とは思われません。

ただし、メールが一般化することで、メールの件数は増える一方です。とくに、若手社員はメールを打つことにさほど苦労をしないため、どんどんメールを送ることができます。

すると、上司には膨大な量のメールが届くことになります。私は営業部長をしていた頃、毎日200通くらいのメールを受け取っていました。そのほとんどが、全国に散らばる部下からの報告や相談です。

こうなると、メールを読むこと自体がたいへんな作業です。的確で端的な文章で表現してくれるメールはいいのですが、必ずしもそうではありません。

その場で電話確認をしたり、返信メールで確認できる場合はまだいいのですが、移動中の隙間時間で確認することも多く、即時に確認できないこともあります。そして、それを忘れたまま放置してしまうということもありました。

すると、その対応策として、メールの内容以前に、「誰からのメールか？」ということが重要な情報となってきます。メールの内容がわかりづらく心配な人には、電話による報告も求めざるを得ません。

しかし、信頼している部下であれば、メールをさらっと見てキーとなる要素だけを読み取ればそれでOKです。後日、本人から「メールで報告を入れさせていただいておりますが……」と言われても、「ああ。大丈夫、大丈夫。見ているので、どんどん進めてください！」ということになります。

これは、部下としても非常に楽です。適宜メールで報告を入れておき、本当に大事なことだけ、口頭で報告すればいいからです。

これは、私自身が部下としてふるまうときにも非常に有効でした。少々説明が面倒で、上司に理解してもらうことが難しい案件でも、意識的にメールを入れておくことで、上司が気づいてくれます。そのうえで説明をするため、非常にスムーズに進みます。

これが、信頼関係を築いていない段階で同じことを行なうと、「こんな複雑な話は、メールだけではわからん！」、「きちんと情報を整理して持って来い！」と叱られる羽目になるわけです。

また、そのために無駄な時間を費すことになります。一見、同じことをしているようでいて、前提条件しだいではこれだけ反応は変わってしまうのです。

このような環境になれば、メールでキーワードを見ただけの上司も、「そういえば、この件のメールは彼から送られてきていたな。大事な話の段階になれば、また相談に来るだろうから、今はそのまま進めさせておこう」ということになります。

ですから、きちんと話を聞いたわけではなくても、「そうそう、そう言えばそれらしい報告が来ていたな」ということになり、「聞いていたかな？」という心境になるのです。

この効果は絶大で、仕事の効率化に与える影響は計りしれません。「上司を動かす」という領域から、「上司が動いてくれる」領域に入りつつあると言っても過言ではありません。

「上司はコントロールできるもの」と私は信じています。それは、この領域に持ってこられるかどうか、という事前の努力のうえに成り立ちます。決してテクニックでコントロールするということではなく、そのための足場固めをしっかりと行なうことが大切なのです。

6 任されている立場だと他部署も納得する

他部署との折衝に、上司を連れて行かざるを得ないシチュエーションがあることは前述しました。このときのポイントは、相手の部署の方に、そのお願いや相談は決して個人ではなく、「部署の総意である」ことが伝えらえるかどうか、ということでした。

会社組織では、個人の考えではなく、部署としての考えや判断が求められます。その部署の責任者である上司の意見や判断は、決してその上司個人のものではなく、部署を代表するものであるわけです。

しかし、言い換えると、自分が上司の意見を代弁していることを他部署に認めてもらうことができれば、部下でも十分に役割をはたすことができるということです。それを、口頭で伝えるのは簡単です。「これは、部署の総意です」と言えばいいだけです。

しかし、なぜそう簡単にはいかないかというと、その信用度を他部署が認めているかどうか、にかかってくるからです。非常に面倒な話であり、理屈に適っていないようではありますが、これは現実です。

ですから、他部署の方に、「私は上司から、権限を移譲されています」と認知してもらわなくてはならないのです。

そのためには、上司同士のネットワークを把握しておく必要があります。上司にも、顔の広い人、それほどでもない人がいます。自分の上司は、他部署のどの上司と懇意なのか、それはいい関係なのか、を知っておかなければなりません。

自分が、これから相談に行こうとする部署の上司と自分の上司に、ある程度パイプがあるのであれば、相談に行く前に上司にお願いして電話を1本、もしくはメールを1本入れておいてもらうと効果的です。

「これから、うちの新名が○○の件で、そちらのB課長に相談に行くので、お手数ですがよろしく！」という一報を入れもらうのです。これがあると、かなり好意的に対応してもらうことができます。

逆に、あまりうまくいっていないケースもあります。このときは、組織上の意思決定者である上司以外の人を活用するのもひとつの手です。組織のナンバー2の方が、その部署とパイプを持っているかもしれません。

場合によっては、上司の上司にお願いする必要があるかもしれません。これは、その組織によってケースバイケースなので、誰に相談するのがベストかということは、しっかりリサーチしておくべきです。

私自身、新入社員の頃、全国の支店や営業所にプレゼンテーションをしに回っていたことがありますが、このときの上司のひと声は本当に助かりました。

全国各地の支店や営業所には、必ず〝地元意識〟があります。その地元におうかがいして仕事をさせていただくわけですから、その地元の責任者（支店長や営業所長）の協力があれば、非常に心強いものがあります。

上司のひと声によって迎えてもらう体制ができ、そこに行って自分がしっかりと自分の役割をはたすことができれば、次回以降はもう上司の助けは必要ありません。

自分で直接、その地元の責任者に「次回も、またお願いします！」と言ってしっかりと挨拶をしておけば、快く迎えてもらうことができるでしょう。

7 上司から任される仕事と上司に任せる仕事

上司を動かすことができれば、自分の仕事は大きく改善されることになりますが、それは何も、上司から決定権をいただくことに限りません。

もちろん、任せてもらうことができれば、仕事は早くなるし、そもそも自分自身が大きく成長することができます。いざ、自分が上司になったとき、判断力や意思決定力がなければ務まりません。

そのため、任せてもらえる仕事の範囲が広がることは望ましいことなのですが、場合によっては、あえて上司に任せしてしまう仕事もあります。上司には上司の「役割」があるのです。

その**「役割」を使うという発想**が必要です。仕事ができる人でも、この上司の「役割」を使うことが下手な人がいます。

むしろ、仕事ができるがために、全部自分でやってしまおうとするのです。そのほうが早いし、自分としても充実感があります。また、自分の実績として認識してもらうこともできるからです。

しかし、上司にあって部下にないもの——それは、経験や知識だけではないのです。そこには「役割」というものがあります。前述した、他部署に相談に行く前に、上司から電話を1本入れてもらうことも、上司の「役割」を活かすことのひとつです。

そして、上司の「役割」が最も大きく影響するのは、広く情報発信をするときと、上司の上司に情報発信をするときです。このときには、大いに上司の「役割」を活用しましょう。

自分が担当した仕事を、広く発信することがあります。その対象は、他部署だったり、場合によっては、取引先を含めた社外に対してということもあります。そのような大きな仕事ができるようになるのは喜ばしいことだし、自分自身にとっても誇らしいことです。

できれば、そのまま自分が責任を持って情報発信をしたい。その気持ちは理解できます。しかし、ここは上司の「役割」によって、**上司に情報発信していただくべき**です。

最近では、ここでもメールを活用することが多いでしょう。そのメールの内容もさることながら、そのメールが「誰から」発信されたか、ということが重要になります。

そして、ここで部下としての力を発揮する大切な仕事があります。上司から、情報を発信してもらうからといって、発信する内容そのものまで上司に丸投げしてはいけません。内容の詳細は、明らかに担当者であるあなたのほうがくわしいからです。

ですから、内容については、担当者であるあなたが作成します。挨拶部分まで作ってしまっても構いません。そして、その状態で上司に「『叩き台』を作ったので、チェックしていただけないでしょうか？」と持ちかけるのです。

このとき、決して「完成品」として持って行ってはいけません。完成品に近い形ではあるのですが、あくまで「叩き台」として持ち込むのです。

でないと、暗に上司に対して「あなたには、発信だけを期待しています」というように伝わってしまうからです。上司はそれをチェックし、もし問題なければ、そこに自分なりのコメントを付すか、場合によってはそのまま活用してくれるでしょう。

すると上司は、**自分の「役割」をしっかり認識してくれている部下の配慮に好意を示すとともに、自分の手間を省いてくれた部下の配慮に感謝の気持ちが湧いてくる**のです。

もうひとつのケースは、上司の上司に情報発信をしてもらうケースです。上司といえども、中間管理職です。極端なことを言うと、社長でない限り、すべての人には上司がいるわけです。

すると社長以外のすべての人に、報告や相談の義務があるということになります。一般的な会社組織はピラミッド組織になっているため、上司の上司への報告は、上司から行なうのが筋です。

しかし、最近ではフラット組織と言って、実務上は経営者以外はみな横並びの組織になっているケースや、プロジェクト方式で仕事を進める場合には、実務上の上司が職責上の上司とは異なる（プロジェクトごとに上司が異なる）ことがあるかもしれません。

このようなときには、実務上ではそれほどお世話になっていなくても、重要なポイントでは必ず報告し、上司の上司にそれを伝えてもらうか、あるいは報告に同席していただくという配慮が必要です。

実務では助けていただくことが少なくても、何らかのトラブルに巻き込まれたり、予想外の問題が起こった際、助けを求めなければならないケースがあります。そのためにも、ポイントポイントでしっかりと報告をしておきましょう。

できるだけ、上司から決定権を委譲していただけるように配慮しながら、重要なポイントでは上司の「役割」で情報発信してもらうのです。上司を動かすということには、このような要素があり、それをしっかりとやりきることで、あなたの仕事の効率は劇的に改善されることでしょう。

4章

上司の苦悩は意外なほど知られていない

1 上司は、自分のチームを守りたい

部下は、上司に叱られると、まるで責められているような気持ちになります。自分や、自分のチームが攻撃されているかのように感じてしまいがちです。しかし、上司は自分のチームを攻撃したいのでしょうか。

部下にとっての自分のチームは、上司にとってもまた、自分のチームということです。自分のチームは、きっとそれなりに苦労をして得たはずです。どんなに小さくても、組織の長になるときというのは格別な想いがあります。

私も担当者時代はずっと、小さくても自分で責任が持てる組織を持ちたい、と願っていました。そして、それが実現したときの気持ちの高揚は大きなものでした。

そこに参画してくれるメンバーは、仮にそれまでうまくいかない人が含まれていたとしても、リセットして考えることができるほど前向きに捉えていたものです。

キャリアを積むとともに、そこまでの感情は薄くなっていくかもしれませんが、責任を持たされるということは、上司にとって、モチベーションアップの大きな要因になっているのです。

しかし、時にその想いが空回りしてしまうケースも少なくありません。大事なチームであるがために、過剰にナーバスになってしまうのです。

とくに、初めて部下を持ったり、初めてチームの長になった人にはありがちです。うまくいくイメージを抱いたり、それを楽しみにして長になること自体は悪いことではありません。

しかし、実際にはそんなに簡単にうまくいくことはありません。思っていたよりもずっと厳しい状況だったり、部下が、こちらが期待していたような動きをしてくれないことに困惑することもあります。「こんなはずではなかった……」と思うわけです。

そのとき、どんな態度に出るか。自分自身の想いが強いだけにイライラは募り、それを部下にぶつけてしまうということもよくあります。

私が、かつて営業部門の長をしていたとき、全国各地に多くのチームがありました。私は、そのチーム全体を統括していたのですが、各地のチームリーダーから、部下育成についてよく相談を受けていました。

みなさん、本当に自分のチームを愛していたし、何とかしたいと悩んでいました。しかし、その思いが強過ぎるあまり、私から見ると過剰に部下に厳しく当たったり、過剰に細かいことを気にしていると思えることがありました。つまり、第三者からはやり過ぎに見えることがあります。

自分が描く成功イメージをチームに求めるのですが、なかなかその通りにいくことはありません。描く成功イメージや、それに対する具体的な方策を明確に示すことができればいいのですが、それを伝えることがなかなか難しいのです。

そのため、部下からすると「叱られた」という事実だけが、強く印象に残ってしまうことになります。

われわれは、帰属意識というものに強く縛られています。そのため、何の肩書もない状態には不安を感じます。上司の場合は、その意識は、チームという組織に向けられることになります。部下個人というより、組織そのものに意識が向いてしまうのです。

つまり、チームこそが上司が守りたい対象ということです。そこには、上司が自分の立場を守りたいという保守的な側面もあります。そのため、「上司は、自分の保身ばかりを考えている！」と捉えられてしまうことがあります。

それはあまりイメージのいいことではないかもしれませんが、人間である以上、それは仕方がないと考えたほうがいいでしょう。

大切なことは、「上司はそのように考えている」と「知る」ことです。知っていれば、それ相応の対応が可能になります。

「上司はこのチームを守ることに、強い意識を持っている」と理解すれば、自分がとるべき方法や態度も見えてくるでしょう。

2 上司にも上司がいる

当たり前の話ですが、上司にも上司がいます。社長でない限り、必ず上司がいます。つまり、ほぼすべての上司が中間管理職と言えます。

そうなると当然、上司が担当するチームの報告や相談を、さらに上位の上司に行なうことが求められます。部下が、上司に報告・連絡・相談を求められるように、自分の上司も必ず、そうすることが求められているのです。

管理職や、さらに上層部が集まる会議があります。担当者である部下から見れば、〝何をしているのかわからない会議〟というイメージがあるかもしれません。

このような会議で行なわれていることの多くは「報告」です。自分が担当するチームや、その集まりである組織の状況を報告しているのです。

私は変わった立場を経験してきたため、なぜか新入社員の頃から、このような会議に出席していました。そこで見る光景は、それぞれの部署長のみなさんが、自分の組織の現状や課題、そして展望を報告する姿でした。

新入社員の頃は、「よく、そんなことまで把握しているなあ」と感心したものです。自分がやっていることを報告するならまだしも、自分がやってもいないこと、自分が見てさえいないことを報告する姿というのは、当時の私にはかなり奇異なものに映りました。

しかし、それを見ていると、ふだんの仕事で上司と呼ばれる方々が、いかに情報収集にエネルギーを割いているか、ということがわかってきました。

自分が、直接やっていない仕事の報告をしなくてはならないわけですから、当然情報を集めなければなりません。その情報源はほとんど部下が持っているため、さまざまな情報を部下に求めることになります。

そのために、多くの報告書や日報、月次レポートといったものが存在しているわけです。これは部下からすれば、どれだけ活用されているかわからないたいへんな作業と思われますが、上司にとっては重要な情報源になっているのです。

上司が、その上の上司から評価される際、何が求められているか。ひとつは、間違いなくチームの業績です。営業であれば売上げ、生産であれば生産性、購買調達であればコストダウンや安定供給などです。これは当然、大切な要素です。

そして、もうひとつ、それと同じくらい求められるのが、**「チームの状況をどれだけ把握しているか?」**ということです。チームの現在の状況、指標となる数字、そして課題など、そのようなことを常時把握しているということが強く求められています。

いつ聞いても、それなりにスラスラと状況が報告できる上司は、その上の上司からすると安心感を与えてくれる人です。一方、聞かれたときにしどろもどろになり、あげくのはてには部下に聞かないとわからない、という人は信頼されません。これは、その後の人事や昇格にも大きく影響します。

前述したように、私は報告する上司の姿を間近で見ることができたため、私が何をすべきか、ということがよくわかりました。報告の方法まで知っているため、自分がどこまでやるべきか、資料はどのような形式が望ましいか、補足資料はどれくらい用意しておくべきか、などが実際に想像でき、非常に効率的でした。

しかし、通常はそうはいかないため、部下からすればどう活用されるかわからないところに情報を提供していることになります。

上司も、報告すべき状況を詳細に説明できればいいのですが、そこまで手が回らなかったり、報告にあたふたしている自分の状況を説明するのは辛いことですから、「だいたいわかるだろう！」という言葉で終わらせてしまっているのが現状です。

ここで大切なことは、自分が提供した情報がどのような形で活用されているのかを「知る」ということです。これは上司に聞いてもいいかもしれません。実は、聞かれた上司自身もうれしいものです。

「いつもの報告の形式ですが、これがベストかどうかわからないので、どういう形でご報告されているか、お教えいただけませんでしょうか？」と聞いてみるのも手です。

すると、詳細の数字ではなく、全体の要旨だけですむかもしれません。ふだん、目的もわからずに作成している資料が簡素化され、自分の頭の整理にも役立つかもしれません。
そして何よりも、上司が気にしている、その上の上司に対する対応をアシストすることになるため、あなたへの信頼は大きく増すことになり、さまざま恩恵を受けることができる可能性が高くなるのです。

3 「部下へのクレーム」は上司のところに来る

自分の仕事が、他の部署や大きな場で、よくも悪くも評判になることがあります。これは案外、担当者である自分には見えないものです。直接聞こえてくる声ではないからです。大きな会議の場や、上司同士の会話の中で話題になるのです。

「おたくの部署の○○さん、すごくよくやってくれているね！　うちの部署でも評判いいですよ！」という実にうれしい声もあれば、「おたくの△△君、あれ何とかならないんですかね？　やりにくくてしょうがないって、うちの連中がぼやいているんですが……」という残念な声もあります。

部下にはあまり見えないことですが、上司は常に対外的なところで部下の評価を聞かされているのです。ただ、部下からはこの状況が見えないため、問題につながることがあります。

かつて、こんなことがありました。他部署から、部下の悪い評判を聞かされたときのことです。その状況が気になったので、それとなくその話題となった部下に状況を聞いてみました。

するとその答えは、「いえいえ、大丈夫です！　問題は起こっていません」というものでした。

この段階では、私は露骨に「あなたのことでクレームを受けた」とは言っていません。

ですから部下からすると、そういうことがわからず、心配をかけまいとしてくれたのかもしれません。しかし、私からすると、よけいに心配になってしまうのです。

なぜなら、どんな誤解があるにせよ、少なくとも他部署から問題視されているという事実があるからです。その状況が、部下の報告からはまったく見えてきません。すると、この問題以外にも、そのようなことが他にもあるのではないかと思ってしまうのです。

このときは、最終的にすべて話をして、その人と話し合いました。

「何も問題が起こっていないのなら、なぜ、こういう声が私に来るのでしょうか？」という言い方で聞いてみました。

その人は、自分のことがそのように周囲から私に伝わっていること自体がショックだったようですが、「それは、私にも問題があったということですね……」と気づいてくれました。

しかし、そのような話し合いに至らない場合、上司が一方的に、「あの人はウソの報告をする危険人物」というレッテルを貼ってしまうことがあります。

いったんそのようなレッテルが貼られると、後がたいへんです。どんなに正確に報告をしても、どこかで疑いの目で見られてしまうことになるからです。

他の部署からの評価というものは、実は上司にとってはかなり重要な指標です。なぜなら、部下の仕事を事細かに見ているわけではないため、実際にどのようにやっているのか、本当に評価できるのは上司ではないかもしれないからです。営業であれば、お客様のほうが評価できるかもしれません。

むしろ、実務で関わっている他部署のほうがよくわかる場合があるということです。それだけに、**上司は他部署（あるいは他社）からの評価を気にします**。

部下にとっても、実は他部署からの評価はうれしいものです。以前、私が部下のいい評判を聞かせていただいたとき、それを本人に伝えました。そのときの本人の喜ぶ顔は、忘れることができません。とくに、苦労していたときだけに、なおさらうれしかったのでしょう。

同じように、お客様からほめられたときにどれだけうれしいか。これは、営業経験のある方ならよくわかると思います。

極端なことを言うと、上司からほめられるよりも、お客様からほめられることのほうが仕事の原動力になると言っても過言ではありません。つまり、自分が直接何かを提供した相手から喜んでいただくことが、最もうれしいのです。

では、上司は直接の相手ではないのかというと、管理者であるため間接的です。しかし、いいことも悪いことも、その「共有者」として存在していると考えればいいでしょう。

ですから、他部署から部下がほめられるとうれしいし、叱られると悔しいし悲しい。組織である以上、部下である自分の評判は、他部署から上司に入っているかもしれない、と考えておくべきでしょう。

4 なぜ、「悪い報告」を早く知りたいのか？

「悪い状況ほど早く報告しなさい！」、「Bad news fast！」

みなさんも、そう言われたことはあると思います。しかし、その目的には3つあるように思います。

ひとつ目は、悪い状況を放置していると、よけいに解決が難しくなるため、早く報告して手を打たなければならない、ということです。担当者が抱え込んでいるうちに、どんどん状況は悪化していきます。だから早く報告して、上司の手を借りてでも早く解決しましょう、というニュアンスです。

二つ目は、悪い状況を報告しやすい空気を作っておかないと、隠蔽体質になってしまうため、あえてそのように声高に言っている、ということです。ふだんから厳しいことを言っていると、悪い報告があがらないようになっていきます。

たとえば、社長が「顧客クレームゼロ！」といったことを言い出したら問題です。顧客のクレームは減らすべきものではあるものの、ゼロということは非現実的だからです。

そうすると、クレームはトップには上げてはならない項目になってしまうため、隠蔽されることになります。そして大きな問題が起こったとき、社長自身が「知らなかった！」となってしまいます。

ですから、そうならないように、「悪いことでも、きちんと報告するように！」というニュアンスで言うことがあります。これもまた、現実的には必要なことだと思います。

そして三つ目。上司の立場としては、実はこのために「悪い状況ほど早く報告」してほしいのです。それは、悪い状況を周囲からではなく、まずは自分の部下から報告を受けたい、ということです。

前述のように、上司は自分の部署、チームの状況を把握しているかどうか、によって評価されています。

となると、自分の部署やチームの担当者に起こっている悪い状況は、何が何でも上司は知っておかなければなりません。

しかし、部下が報告をためらっているうちに、その状況を知っている他部署の人が、上司に報告を上げてしまうかもしれません。

すると、その報告を受けた他の部署の上司が、自分の上司に情報提供してしまうことも起こり得ます。「おたくの○○君の件、たいへんなことになっているみたいじゃないですか！」という具合にです。

このように聞かされて、しかも部下から報告を受けていなかったとしたら、上司としてこれほどバツの悪いことはありません。他の部署からすれば、「おたくの部署のコミュニケーションはどうなっているんですか？」となってしまうからです。

他の部署や、上層部に悪い情報を提供するときは、上司自身がしなくてはなりません。とくに、社長のトップダウンが効いている会社であればなおさらです。

そのとき、まだ対処方法や改善策がなくてもいいのです。なるべく迅速に報告し、その対処方法を講じるために、こういう指示をしている、あるいは情報収集をしているということを報告することが大切です。

そして、それは上司がその上に報告するときだけでなく、担当者が上司に報告するときでもまったく同じです。

悪い状況を報告しにくいのは、その対処方法が見出せないからです。あるいは、悪い報告のせいで、自分の評価が下がることを恐れるからです。

しかし、私の経験上、悪い報告をいち早く報告できる部下は、むしろ評価が上がるものです。また、そのときの態度も重要です。決して、おどおどしてはいけません。パフォーマンスでもいいので、腹をくくった表情で真摯に報告します。

そして、**「このような状況を招いて申し訳ありません」と謝罪します**。文字通り腹を括るのです。すると、上司はその迫力に押されます。

このように、悪い報告ほど「毅然とした」態度で臨まなくてはならないのです。そして、それができる部下は、上司からすれば**信頼できる部下**と映り、次に何かいい仕事をした際に評価してやろう、と思うようになるのです。

このように、「悪い状況ほど早く報告しなさい！」という言葉にはいくつかの意味合いがあります。それを行なうことで、それぞれの意味合いにおいて、いずれもプラスに作用するわけですから、むしろチャンスと捉えて、毅然とした態度で対応するようにしましょう。

5 最新情報を上司は意外と知らない

仕事で必要な最新情報は、いったいどこで得られるのでしょうか。新聞や雑誌のメディア、さらにインターネットなど、情報はいろいろなところで入手することができます。

私も、そのようなメディアから多くの情報を収集していました。そして、何となく全体像をつかんだつもりになっていました。

しかし、自分がくわしい業界のニュースが、一般紙に載ったときに違和感を持ったことはないでしょうか。新聞に載った段階では、すでに古いニュースなのです。自分がよく知っている業界では、それはかなり前から知られている話です。それが、今新聞に載っているのです。

つまり、他の業界のニュースも、実は同じように古い情報ではないか、と思えてきます。もちろん、それは仕方のないことで、新聞紙上に出る話はそれなりのタイミングになってしまうからです。

すると、本当にビジネスに必要な情報は、いったいどこから得ているのでしょうか。それは、間違いなく現場からです。そこに出入りしているからこそわかる最新情報、表には出ない裏情報など、さまざまな情報は現場から得ることができます。

しかし、その貴重な情報を持っている担当者自身は、その情報の価値に気づいていないことがあります。

ここで、**部下と上司の「情報ギャップ」**という問題を考えてみたいと思います。部下は、「上司は、必要な情報をほとんど持っている」と思い込んでいる傾向があります。よほど特殊な案件でもない限り、自分より上司のほうが、知識や経験が豊富であると思っています。

たしかに、経験や知識は豊富でしょう。しかし、その経験や知識は、それを得た時期のものであって、今現在のものとは異なります。

ビジネスは、たいへんなスピードで変化しているため、数年前の情報が陳腐化していることはよくある話です。私も、過去にこのことを実感したことがあります。

私は病院や学校の給食、すなわち食事サービスを行なう業界に精通している時期がありました。この業界の多くの企業に、営業として訪問していたし、その業界団体の仕事もさせていただいていたため、ときにはその業界の方よりも情報を持っていることがありました。

その後、その仕事からは離れたのですが、数年たった後でも、社内では依然としてその業界通と思われていたため、いろいろなアドバイスを求められたことがあります。

しかし、その数年の間に急激な業界再編が起こり、M&Aも含めて業界地図自体が変わってしまいました。もちろん、過去の知識は無駄ではありませんが、その業界の動きに合わせて、タイムリーに情報が更新されているわけではありません。

新聞紙上でわかる程度のことは知っていても、業界の方々と生々しい話をする機会はすでに失っています。

過去の自分の経験や知識に照らし合わせて、一所懸命によいアドバイスをしようとするのですが、なかなかうまくいきませんでした。自分でも無理があることを自覚しながらの苦し紛れのアドバイスでした。

ですから、部下の仕事としては、**上司の情報をリニューアルして最新情報に更新してあげなくてはなりません**。

この情報提供を怠っているケースがかなりあるため、上司の「判断」を仰ぐ前に、最新情報を念押しの意味でも先に提供してあげましょう。

この部下と上司が持つ「情報の時間差」を、私は「情報ギャップ」と呼んでいますが、このギャップを埋めてあげる作業が情報提供なのです。

現場の最新情報は、必ず部下のほうが豊富に持っているはずです。頻繁に現場に足を運び、その業界のお客様や業者と接しているのは担当者だからです。

このように、**最新情報は担当者のほうが知っている**ということは、強く意識しておくべきでしょう。上司は知らなくても、なかなか「知らない」とは言ってくれません。

ですから、さり気なく提供してあげてください。それによって、自分もよいアドバイスをいただけることになるのです。

6 現場が遠くなるから、小さな情報にも影響を受ける

上司は、意外に最新情報を知らない、ということをお話ししました。部下からタイムリーに情報の更新があればいいのですが、部下もそれに気づかないため、なかなか情報が更新されることはありません。

そして、上司も部下からそのようなアクションがないことは自覚しているため、常に心配をしています。まれに部下からいい情報をもらったとしても、ふだんからそれをしていないと、それが信頼できる情報かそうでないのか、不安に思うはずです。

私もかつて、何度もこのような状況を目の当たりにしました。ある部下が、私の上司にトップシークレットのような情報を提供していました。それは、業界を左右するような大きな提携の話であり、自社も大きな影響を受けるような話でした。

しかし、それを受け取った側は、それがすぐには信じられない様子です。部下もそれまでに定期的に情報提供をしていなかったため、突然そのような重要な情報を提供しても、上司としては半信半疑です。

その結果、「そんなことはないだろう」ということになっていました。しかし数ヶ月後、その情報が真実だったことが明らかになったのです。

情報を提供した側からすれば、「だから、言ったではありませんか!」となってしまうのです。これはあながち上司ばかりが悪いとは言えません。情報の真実味について、部下は信頼を得ていなかったからです。部下からの情報提供については、どうしてもこのようなことが起こってしまっています。

しかしその一方で、外部からの情報には、やたら過敏に反応してしまうということがあります。外部の方、とくにお客様からいただいた情報には、なぜか真実味を感じてしまうからです。

これは、上司もさることながら経営層も同じです。ですからその情報に過敏に反応し、すぐにでも対応しなくてはならない、と思ってしまうのです。しかし、他社の人が常に正しいことを話しているでしょうか?

私も営業としていろいろな会社におうかがいして、いろいろなことをお話ししてきましたが、100%確証のある話しかしていないわけでありません。「たぶん」「おそらく」というレベルの話をしていたはずです。

さて、部下としては、お客様からいただいたとされる情報自体が、あまり重要だとは思えないこともありますが、上司からの指示なので、それにしたがわざるを得ません。

もしその情報が間違っていたら、その仕事は無駄に終わってしまうし、正しいとしても半信半疑で進めていたのでは、よい結果は得られません。

大事なのは、外部からの情報にむやみに反応しないように、**上司への情報をコントロールすること**です。部下からの情報と外部からの情報を、正しく比較して判断できるような環境を作り上げておくことが重要なのです。

外部の方は、さまざまな思惑を持って情報を提供します。純粋に、相手のために真実を提供しているのであればいいのですが、残念ながらそれだけではありません。何かを売りつける目的があったり、お金を引き出す目的があるなど、何らかの利用目的を持って接触してくる人もいます。

そのような人からの情報を、すべて真に受けていたのでは、判断を誤ることになります。

しかし、ふだんから部下が適切な情報提供をしていると、上司は、その情報を現実と照らし合わせることができます。そして、上司と部下の間に信頼関係があれば、部下にその情報の真否を確認してくれるかもしれません。

私も上司からもらった情報を、私の段階で握りつぶしたことがあります。

しかしそれは、チームのメンバーに無駄な仕事をさせないためにも大事な仕事でした。限られた時間内に、最大の効果を得なくてはならないビジネスにおいて、無駄な仕事をいかに減らすかは、非常に大事なことだと実感しています。

7 キャパは広くてもシェアは小さい

上司は、一段高いところから仕事を見ているため、当然その視野は広くなっています。また、担当者時代にはなかった会議に出たり、担当者時代にはなかった情報入手ルートも持つことになるため、広い範囲から情報収集ができるようになっています。

しかし、それは浅い情報であることも事実です。また、実務以外にも、部下が知らない悩みや苦しみも伴っています。私は、部下が上司とのコミュニケーションに悩む最大の理由は、この**「上司の苦悩」を知らないことによる**ものと考えています。

もちろん、部下には上司の経験がないため、それも仕方がないことです。上司の苦悩を経験することは、今の段階では部下にはできないかもしれません。

しかし、それを「知る」ことはできます。また、知って「想像する」こともできます。ぜひ、そのことだけでも知っておいていただきたいと思います。

そうすれば、上司に対する対応は劇的に変わってくるはずです。そして、それが最終的には自分の仕事をしやすくすることにつながり、その成功確率を上げてくれることになるのです。

私は28歳のとき、新規事業部門の部長職を拝命しました。全国に、30名以上の部下がいましたが、そのほとんどは年上の方々でした。

そのため、いくら私が正攻法で仕事をしても、誰もついて来てくれない、という悩みを抱えていました。

そのとき、試行錯誤の末に編み出した手法が、「ときに上司、ときに部下」を使い分けるという方法です。職責上は部下でも、キャリアも知識も私より豊富な人たち。その彼らに接する際、ときには部下のような態度で接しました。

つまり、仕事を頼む際、〝お願いモード〟になるのです。しかし、ときには上司としての威厳も必要です。そのときには、割り切ってそのように演じるようにしました。

すると、自分の中で、部下の考えと上司の考えが同居するようになりました。そのような特殊な経験をさせていただいた後、私も普通の組織を担当するようになりました。

私も、少しずつキャリアを積み、私よりもキャリアの少ない部下を多く持つようになりました。すると、彼らの仕事の仕方を見ていて、あることに気づいたのです。それは、彼らは意外なほど、**上司の置かれた状況やその苦悩を知らない**ということでした。

やっていること自体は、決して間違っていないのに、上司の使い方があまりにも下手なので、チャンスを逃している、と思ったのです。

しかし、上司の環境や何に悩んでいるのかを知り、どうすれば喜ぶのかを知る。そうすることで、部下としての立ち回り方が、自然にわかるようになります。

この章で具体的にご紹介してきたように、上司は部下とは異なる視点で、さまざまなことに悩んでいます。上司は当然、人より仕事がある程度できるから上司になることができたはずです。ですから、頭や心のキャパシティは広いはずです。

しかし、同じ人間ですから、10倍も20倍も広いというわけではありません。せいぜい、2、3倍でしょう。

そして、複数の部下を持っていれば、考えるべき仕事も部下より多いということになります。また、それ以外の上司特有の課題（上層部との関係、他部署との関係など）もあります。

つまり、**一つひとつの仕事について考えている時間や深さは、担当者にはかなわないのです。**

ですから、キャパシティは広いといえども、それぞれの仕事が頭の中を占めている割合、つまりシェアは決して多くないということです。この事実を、部下はまずしっかりと認識することが必要です。

よく、上司に相談に行っても、まともに対応してもらえなかった、と嘆く部下がいます。たしかに、その心情は理解できます。

しかし、部下にとっては頭の中の70％くらいを占めているような重要な問題でも、上司にとっては5％程度しか占めていないかもしれません。それは仕方のないことです。前述したような、環境の違いがあるからです。

ですから、嘆くのではなく、そのような状況にあることを理解して、ふだんから上司に情報を提供することで信頼を得ておき、必要なときに自分の考えを取り上げてもらえるようなアプローチをするのです。

悪い報告でさえ毅然とした態度で報告することで、その関係を強化しておくのです。それが、後から大きく効いてきます。

そのことを意識して動いてくれる部下がたくさんいてくれると、上司は本当に助かります。部下ではありますが、参謀を得たような心強さを覚えてくれるはずです。

よく、参謀を育てることができないトップはダメだと言われます。それほど、参謀を育てることは難しいのです。それは、自分自身の苦悩を適切に表現できる上司が少ないということが影響しているからだと思います。

上司の苦悩を知って、ぜひ名参謀となってください。そしてそうすることは、みなさんがよき上司、よきリーダーになるための重要なステップとなるはずです。

5章

「上司の目線」を身につけよう

1 見る景色を変えてみよう

上司が、どんなことに頭を悩ませ、どんなことを望んでいるのか？　それが、少しは想像できるようになった段階で、ぜひ一度、見る景色を変えてみましょう。目的は、**「上司の目線」を身につけるため**です。

たしかに、上司も部下も、物理的に見える景色にはそれほどの違いがあるわけではありません。

見る景色を大きく左右しているものは、情報と立場です。

これによって、同じ場所に座っていても、まったく見える景色が変わってきます。今や情報は、インターネットからもたらされる時代です。

よく、「隣の人間の仕事がよくわからない」という話を聞きます。これは私自身も、実感してきたことです。

目の前にいる部下でさえ、横で見ていても、どのように仕事を進めているのか、よくわかりません。電話であれば、まだ仕事の中身は推測できますが、今はパソコンを通して多くのコミュニケーションが取られています。

これが、仕事上よく見られる「景色を左右している」ことに影響を及ぼしています。では、くわしく見ていくことにしましょう。

物理的な場所がそれほど変わらないのに、仕事の見方が大きく変わるという経験は、他部署に異動するとよくわかります。

たとえば、隣にある部署に異動になると、今まで知らなかった事情や制約があり、「行ってみて、初めて知ること」が、いかに多いかを実感することがあります。

私も営業時代、商品開発部に対していろいろな不満を持っていましたが、いざ自分がその部署に異動になってみると、驚くことがたくさんありました。

そこには、知らない情報もたくさんあったし、立場によって、言い方も言われ方も大きく変わることを実感しました。営業時代は批判する側の中心だった自分が、今度は批判される側に立たされたわけです。

そして、それを何とかしたいのはやまやまなのですが、初めて知る制約が多過ぎて、それまで外野で想像していたような改革ができずにやきもきします。そして、周囲からも「あいつは向こうに行って、考え方が変わった」などと揶揄されるようになったのです。

これは、実は上司にもあてはまります。部下時代に評論家目線で上司を見ていた人が上司になった場合、失敗する可能性が高いと言えます。ここで言う「評論家目線」とは、相手の状況は考えず、自分の目線だけで考えることです。

なぜなら、立場が変わったことで景色が変わり、求められるものが変わる、ということを考えていないからです。

では、どうすればそれを身につけることができるのか。また、見える景色を変えることができるのでしょうか。上司が、どんな情報を受け取っているのかは見ることはできません。

しかし、自分が上司に提供している情報はそのうちのひとつです。そして、自分の同僚や後輩、それらの人から上司に提供される情報もそうです。

そのような情報の一つひとつを、上司の立場だったらどう見えるのかを想像してみるのです。自分の仕事を、当事者である自分ではなく、上司の立場から想像してみるのです。

これは、相手の立場に立って考える練習なので、自分の考え方をあえて封印します。他人事でいいのです。ある具体的な問題を目の前にして、「きっとあの上司は今、こういう決断を迫られているので、おそらくこういう判断をせざるを得ないだろう」「○○○部門に対して実績をPRしなくてはならない状況なので、少し厳しいけれど、こういう切り口で考えるだろう」といったことを想像してみるのです。

そして、それを頻繁にやっているうちに、自然に上司の景色が見えるようになってきます。それが、正しいか間違っているか、ということは考える必要はありません。シミュレーションする癖をつけておくことが重要なのです。

2

判断の違いを検証していた新入社員時代

私は、新卒で会社に入社したとき、最初の配属先は営業本部のスタッフでした。営業といっても、いわゆる直接お客様を担当してノルマの売上数字を持つのではなく、上司である部長のサポート業務、また全国各地の営業拠点へのサポート業務などでした。

当然、いきなり仕事を任せてもらえるわけではないため、上司の仕事の一部を担当し、上司は私の仕事の成果を活用して、ご自分の仕事を進めるという形でした。

ですから、上司の仕事の像がそれなりに見えるようになりました。これは、私のシミュレーションとしては、非常に便利でした。

今、どんな問題が起こっているのか、また優先順位の高い仕事は何なのか？　すべてではないにせよ、ある程度見られることは幸いでした。

そして、もうひとつのメリットが、全国の営業拠点とのネットワークでした。サポートの立場での仕事をしていると、かなりの情報を得ることができるからです。

なぜなら、忙しい部長（部長は当時全国の１００名以上の部隊を統括していた）にわざわざ言うほどでもないけれど、本社の手を借りたというときの、都合のいい連絡相手が私だったからです。

おかげで私は、全国各地の拠点のさまざまな悩みや問題を共有することができました。

これによって、私の〝上司シミュレーション〟は新入社員時代にスタートすることができました。

全国の営業拠点からの頼まれ仕事をこなしていくうちに、しだいに人間関係ができてきます。すると、いろいろな無理難題も頼まれるようになりました。無理難題とは、部長には言えないようなことや、まだ確信がないので報告はしたくないが、本社から何らかの情報や手助けが必要な問題です。

私にしてみれば、上司の許可のない仕事をすることになるため、リスクを伴います。ただ、このときに考えたのは、この仕事に対応することで、今後起こりそうな営業展開について、予測を立てることができるようになる、ということでした。

上司よりも先に情報を得ることができるため、それがその後どういう具合に展開するのか。格好のシミュレーションになる、と考えました。

そこで、実務に支障をきたさない範囲で、これらの仕事を受けていくことにしました。それによって得た情報は、自分の判断基準を養うための最高の教材になったと思います。

どこの組織にも、〝情報のたまり場所〟というものがあります。それは、組織上の立場とは関係なく存在します。私のように、下っ端だからこそ集まる情報というものもあります。情報収集のうまい人は、このたまり場を上手につかんでいます。

その一方で、仕事に関係のないゴシップネタばかりを集めて喜んでいる人がいます。しかし、私はそのような情報には関心がありませんでした。

大事なのは、今後の仕事の展開を予測するために必要な情報です。そのような情報がどこにあるのかを見つける感度は、高めておく必要があります。それは、ゴシップネタ集めとは違う、大切な仕事の力なのです。

ともあれ、得てきた情報を活用しなくては意味がありません。そこにはいろいろなケースがありますが、進めるべきか、止めるべきか、様子を見るべきか、さまざまな判断をしていかなくてはなりません。

しかし、決裁権のない人は、判断する権利もその必要もありません。ただし、想像することは勝手です。勝手に自分で判断を想像するゲームをするのです。ゲームですが、架空ではなく実戦です。その結果は、よいにしても悪いにしても、実戦の結果として確認することができます。

たとえば、自分は、ある案件を止めるべきだと判断したとします。しかし、上司はそれを進めるべきと判断しました。ここで判断は異なるわけですが、どちらの判断が妥当だったのかは、その後の展開で確認することができます。

この**「判断の違いを検証する」**ことが、非常に重要なトレーニングになるのです。そのために、情報を集めているのです。

この情報を得ることが、自分には難しいと感じる人がいるかもしれません。そのような重要な情報に触れることはできないと思うかもしれません。

しかし、アンテナさえ張っていれば、意外なところから情報は入ってくるものです。頼まれたコピーの内容、耳に入ってくる電話でのやりとり、アンテナの張り方しだいで、必ず情報を得ることはできるのです。

3 常に「自分ならどうするか？」を考える

実戦の場でシミュレーションをする。ここで大事なことは、常に「自分ならどうするか？」という視点で仕事を見るということです。

このときに必要なことは、**自分なりの「基準」を設ける**ということです。それが正しいのか間違っているかは、その段階では誰にもわかりません。同じ判断でも、時期と環境が変われば結果も変わってきます。

しかし、「基準」があれば、後で振り返ることができます。成功なら成功の理由、間違いなら間違いの理由があるはずです。それは、判断の「基準」が左右します。そして、そのシミュレーションの履歴を自分の財産にすることができます。これを蓄積していくと、数年後には大きな差になります。

私が最初に配属された部署は当時、会社の稼ぎ頭でした。売上規模も、利益の規模も大きかったため、いろんなことにチャレンジすることができました。少々リスクがありそうな作戦でも、会社の中で発言力があるため実行できるのです。

あるとき、大きな意思決定を迫られるシーンがありました。それは、新規に参入する市場に低価格戦略で入っていくかどうか、ということでした。ある程度シェアを伸ばしているときに、一気にそれを拡大したい。それが、実現可能な設備投資ができるタイミングでした。

そして、生産能力を伸ばす投資をしたわけですから、当然それを回収しなくてはなりません。最も簡単なのは、低価格戦略で入っていくことです。

スタッフだった私は、市場価格を調査し、原価計算をもとに、勝負できるぎりぎりの価格ラインを想定しました。ここまでは机上の計算でできます。単なるスタッフの私の仕事はここまでです。判断するのは、あくまで上司や経営層であって、自分ではありません。

そこから先は、私にとってはゲームです。問題は、これを実行した場合にどのような影響があるのか、ということです。ここで、私はいろいろと考えました。

経験の浅い私には、価格競争を仕掛けた後にどうなるのか、がよくわかりませんでした。経営学も経済学も学んでいない私にとって、参考になる理論は何もありません。

そこで、自分なりの基準を設けました。低価格戦略を仕掛ければ、他社も下げてくることは容易に想像することができます。そこからは泥沼の消耗戦です。しかし、メリットもあります。

今まで取引のなかったお客様に対して、低価格という魅力的な切り口で取引を開始できるということです。これまで、価格面で門前払いだったお客様にも受け入れられる可能性が出てくるのです。そこで、私が決めた判断基準は次のようなものでした。

「低価格で取引を開始したお客様に、その後で高価格品を買っていただくことができるか?」

というものです。

そして、私の予測は「取引を開始すれば、商談をするチャンスは出てくるので、高価格商品を販売することは可能になる」としました。付加価値のある商品の提案には自信があったため、そのような作戦も成り立つと考えたのです。

このときの会社の判断は、すでに設備投資をしていたこともあり、攻めの戦略でした。そして、低価格戦略でどんどんシェアを伸ばしました。競合他社からは嫌味を言われるほど、その戦略は徹底していました。戦略が正しいか正しくないかは別として、いったん決めた戦略を徹底的に実行することはすばらしい。徹底することなく、反省はありません。

その結果、シェアを伸ばしたのですから、会社の戦略としては大成功でした。数年後には、勢力地図が変わってしまったほどです。

ただし、もうひとつ重要なことは、その後に取引を開始してくれたお客様にも高価格商品を販売できるかどうか、ということです。

これは、想像以上に苦戦しました。お客様も、最初は「次は、付加価値商品の商談をしましょう」とは言ってくださいました。そのための条件として、まずはコストダウンに貢献する商品を導入してくださいました。

しかし、いざ付加価値のある高価格品の商談になると、そう簡単には話は進みませんでした。そのような事例をたくさん見る中で、次のようなことがわかってきました。

「低価格が魅力で取引をしてくれるお客様からは、そういう会社だとしか見られない」ということです。切り口として〝低価格〟というのは非常にわかりやすいのですが、そのレッテルをくつがえすことは、そう簡単なことではないということです。

もちろん、それは不可能ではないかもしれません。しかし、やるときにはそれだけ難しいことだという覚悟が必要となるのです。

スタッフのとき、これをずっと「自分なりの判断」として追いかけた結果、それは後に大いに役立ちました。

このときは、自分の判断は正解ではなかったと感じましたが、実践でシミュレートできたおかげで、後に自分が意思決定者として迎えた似たようなケースでは、違う判断をすることができたのです。

この積み重ねは、上司目線を養うのにすばらしいトレーニングとなりました。

4 意見を言う人は多いが、結果までは追いかけない

上司が下した判断について、「自分ならどうするか？」と考えることと似ているものの、大

きく違うことがあります。それは、「下した判断に対して評論をする」ということです。どこにでも評論家はたくさんいます。

たとえば、ある人が出した判断に対して、「ああでもない」、「こうでもない」と批評、批判する人をよく見かけます。

しかし、これらと「自分ならどうするか？」の違いは、次の2点にあります。ひとつは、自分自身の判断基準を設けていること、もうひとつは、実際の結果を追いかけて検証するということです。

この2点がないと、評論はできても、いざ自分が「やれ」と言われたとき絶対にできません。どんな判断にも、完璧なものはありません。必ずリスクを伴っています。それでも、そのときの条件、環境要因、自分たちの力量などを総合して、ベストかどうかはわからないにしても、ベターな判断を下しているわけです。

これは、自分が意思決定をしなくてはならないとき、本当に感じることです。たしかに、迷いもします。しかし、ベターであるかどうかの証拠集めをして、後は「エイヤー！」で決めているわけです。もちろん、他人の意見を聞く必要もあります。

しかし、最後はリーダーが1人で意思決定をしなくてはなりません。有能なリーダーは、そのときの判断に伴うリスクを理解しているため、そのリスクを減らすための方策（リスクヘッジ）を考えています。

いったん、その判断が下されると、後はそれに対して、戦略をまっとうしなくてはならないのですが、評論家と呼ばれる人たちはこの段階になっても、「ああでもない、こうでもない」と批評するのです。たいていは、公の場では発言しません。あるいは、発言を求められなかったことに対するひがみがあるのでしょう。

しかし、リーダーの立場からすれば、意見を聞くべき人は必要に決まっています。それは、**「判断基準」と「その後の検証」についてのアドバイスをくれる人**です。

先ほどの低価格戦略についての例で言うなら、このような感じです。

①評論家の人の意見

「低価格戦略なんて、安売り主義で利益を失うだけだよ。それでシェアを伸ばしたとしても、利益が残らないなら意味がないね。絶対に反対だね」

②アドバイスをくれる人の意見

「低価格戦略でいけば、たしかにシェアは伸びるだろう。しかし、当然利益を失うリスクがある。そのときの成否の判断基準は、伸ばしたシェアに対して、高付加価値商品を導入することによって利益を補填できるかどうかだね。それができそうなのか、無理なのか？　をどの段階で見極めるかというタイミングについては、どう考えているのだろうか？」

①の意見では、単純に反対であることを表明しているだけです。そこには、安売りが嫌だという考えがあるだけで、明確な判断基準もリスクに対する軽減方法もありません。

一方の②の意見では、判断基準として高付加価値商品による利益補塡という要素があり、そして、それができるかどうかを見極めるタイミングについての意見を求めています。

②のような意見をもらうことができれば、リーダーは次のように考えることができます。

「なるほど、たしかに高付加価値商品の導入が思うようにいかない場合の撤退のタイミングを決めておかないと、泥沼になる恐れがあるな。それをシミュレートして、タイミングを決めよう。もし、それが現実的でないならば、このプランは白紙に戻さざるを得ないな……」

そして、最終的にはリーダー自身がアドバイスに基づいて修正し、進むのか止めるのかを判断することになります。

さて、まだ部下のうちは、このようなアドバイスを上司から求められることはないかもしれません。しかし、常にこのようなことを考えているうちに、自分自身が変わっていきます。

それは、上司の悩みを理解することであり、そしていつか自分がその立場になったとき、どのようなプロセスで判断を下すべきか、という練習になっているのです。

そして、そのような考え方が身についてくると、日々の仕事でも発言内容に変化が起きてきます。自分の仕事についても、判断基準やリスクの回避方法、そしてそのフォローと判断のタイミング、といったことをセットで考えるようになります。

これらを、セットで提示できる部下は上司から見れば非常に信頼できます。そして、そのように発言内容に変化があれば、上司が意見を求めてくることもあります。上司から、「意見を聞きたいんだけど、どう思う?」と聞かれたとき、部下としては大きな喜びにもつながります。

5 成功要因と失敗要因を記録する

自分で、さまざまな判断を下すシミュレーションの重要性についてお話ししてきました。これによって、上司の目線が身につき、さらに自分自身のスキルも大きく伸びていきます。

そして、その仕上げとしてやらなくてはならないことが、成功要因と失敗要因の「記録」です。これがないと、過去の経験を後から活かそうとしても、振り返ることができません。

そのために、必ず記録に留めておく必要があります。いわば、日記のようなものです。すぐれたスポーツ選手は必ず日記をつけていると言います。それは好調なとき、不調のとき、それぞれの体調やメンタルの状態は必ず連動していて、いい状態に持って行くための方策をそこから探ることができるからです。

私は、基本的に時系列で物事を追いかけるタイプなので、最初は、日々の仕事で使っている業務ノートに記録していました。

そうすると、そのときに行なっていた別の業務の内容もそこに記録されることになります。ある仕事の経験は、単独で存在しているようでいて、実はそのときの他の仕事にも大きく影響を受けています。そのため、他の仕事の内容についても見ることができるように業務ノートを使っていました。

しかし、業務ノートは回転が速すぎます。年に5、6冊は回転するため、過去の記録がどんどん埋もれていってしまい、過去の記録を探そうと思っても検索することができません。

そこで途中からは、手帳に記録するようになりました。手帳のタイプも、単なる予定の書き込み用ではなく、ウィークリーやデイリーのページに、かなり余白があるものを使うようにしました。

ここに記録を残しておけば、少なくとも1年分はそこに記載されることになるため、後から活用しやすくなります。

そして、そのときの他の仕事についても記録があるため、そのときの全体的な状況もすぐに思い起こすことができます。今では、手帳を活用して記録を残し、そこから得たエッセンスをブログに抽出することが日課となりました。

この記録をする際、もうひとつ大事なポイントがあります。それは、**客観的な事実と、そのときの自分自身の感情をセットで記録する**ということです。

たとえば、以前こんなことがありました。

私が商品開発の責任者をしていた頃、あるセミナーで、非常に感動したことがありました。その内容が仕事に活用できそうだったため、セミナーから帰る道すがら、すぐにでも部下全員に伝えたくなりました。

そこで会社に連絡し、1週間後に報告会をするので、「会議室の予約とメンバーへの告知をしておいてほしい」という連絡を入れました。

そして1週間後、私は意気揚々と報告会に臨みました。1週間ぶりに開いたセミナーのファイル、そして1週間前の感動を思い出して話をしようと思ったのですが、話しはじめて何か様子がおかしいのです。1週間前にはあれほど感動し、大事だと思ったことをしっかりテキストにメモしました。それに基づいて話をしているはずなのですが、なかなかそのときの感動がよみがえってこないのです。

自分のメモ内容はそのときのものに間違いはないのですが、何にそれほど感激したのか、それがうまく思い起こせないのです。

結局、そのときは何とか形式だけは整えましたが、私の胸の中には釈然としない気持ちだけが残りました。そして、そのときの結論が、「感動したときの素直な感情と、客観的な事実を連動させておかないと、記録は十分には活かせない」ということでした。

それ以来、私は仕事の内容、会議での内容にも、必ず感情を併せてメモするようにしました。

私は関西弁なので、メモもこんな感じです。

「おっさん、ええことゆうやんけ！」「何ゆうとんねん！　このボケ！」

これは非常に有効な方法ですが、くれぐれもノートを忘れたり、落としたりしないようにご注意ください。

6 「上司の孤独」を知った瞬間

よく、リーダー（上司）は孤独だと言われます。しかし、下（部下）から見ていて、なかなかそのことを実感することはできません。部下である自分自身が、八方ふさがりで孤独な気持ちになることもしばしばです。上司は、指示権限があるから孤独なんて感じていないのではないか？　そう思う気持ちもよくわかります。

しかし……上司は本当に孤独なのです。そして、その孤独に耐えることができなければ、上司の資格はないとも言えます。この意外な孤独感について、考えてみたいと思います。

私は、現在は独立起業し、1人社長の会社を経営しています。傍から見ると、さぞかし孤独だと思われるようで、「1人でたいへんでしょう」とか、「早く、人を雇えるようになるといいですね」とよく言われます。

しかし、最も孤独で辛かったのは、最初に自分の部署を持った営業部長のときでした。それまで、シミュレーションをして、仕事の判断基準を自分で設けるなどのトレーニングをしていたとはいえ、実際にその立場になってみると、景色は当然変わります。「自分でものを決めなければならない！」という意識だけは強かったため、必要以上に力んでいました。

今思えば、もっと気軽に周りの人に相談すればよかったと思うのですが、その当時は必死でした。部長たる者、そうそう周りに相談などしてはならない、と思っていたからです。

その結果、自分では深く考えるのですが、考えれば考えるほど孤独になっていきます。そして、「決断力がない」と思われたくないという過剰な意識から、独断でものごとを進めるようになります。

そして、周囲はそれについて来ることができず、私はどんどん周囲から浮いて孤独になる、ということになったのです。若くしてリーダーに抜擢された人は、こういった状況に陥りがちです。

そんな状態で、悩みながら仕事をしていたのですが、あるとき、こんなことがありました。自分の部下のスタッフの女性が、それまではかなりの遠距離を通勤していたのですが、自分で部屋を借りて会社の近くに住んでいたのです。住民票を移したりすれば、総務関連の書類が発生するため上司にはわかるのですが、住民票を移していなければ上司にはわかりません。

私は、前述の年上部下よりも、はるかに年の近いこの部下を身近に感じていたつもりでしたが、彼女にしてみれば、人生で最初の上司です。私が思う以上に、そこには距離感があったのでしょう。その転居の事実は、私には報告していませんでした。

プライベートな内容なので、どこまで立ち入るか難しいところですが、その転居の話をある飲み会の席で知った私は、私以外の彼女の同僚がすでに知っていることに腹を立ててしまったのです。

そこで彼女に、「上司である私に、なぜそういう報告をしないのか」と叱りました。しかし、そのときの彼女の答えは、私の予想外のものでした。

「上司だから、話しにくいんです」

この言葉に、ハッと我に返りました。自分が部下であれば当然のことを、忘れかけていました。年が近いといったこととは関係なく、部下から見れば、上司は距離のある存在なのです。

査定される相手ですから当然です。弱みを見せたくない、いいところを見せたい、プライベートには立ち入られたくないなど、どれも自分が部下であれば当然考えることです。それを忘れていたのです。

上司は、部下からはそのように思われているということを、自覚しなくてはならなかったのです。

それ以来、部下にはその距離を意識して、節度を保ちつつ、必要なときには自分から歩み寄るようにしました。そうしないと、部下は近づいては来てくれません。それが、私が「リーダーの孤独」と向き合うことができた、最初の瞬間だったと思います。

それを教えてくれた彼女には、今でも心から感謝しています。部下からすれば、想像しにくいかもしれませんが、上司はこのような些細な悩みを抱えているものなのです。それを、部下としては知っておくべきでしょう。

6章

上司の「気持ち」を予測して先回りしよう

1 上司が、次にどう行動するかを予測しよう

上司に、相談やお願いをして助けてもらいたいと思い、そのアクションまでは起こしたとします。ここで終わる人が多いのですが、実はここから先がたいへん重要なのです。それによって、仕事の効率が大きく変わってくるからです。

ここでしなくてはならないことは、自分が頼んだ案件が次にどのように扱われるのかを予測することです。

相談やお願いをした以上、次に何かのアクションを上司にとってもらわなくてはなりません。何かを決めてほしいのか、誰かと調整してほしいのか、さらに上層部に了解を得てもらいたいのか、などといったことです。

上司も、お願いをされた以上、動いてくれるのですが、アクションに必要な条件が揃っていない場合、どんどん先延ばしすることになってしまいます。

部下からのお願いごとを受けた上司が、そのときは「わかった、わかった。関係書類をこっちに回しておいて。後で調整するから!」と答えたり、「読んで判断するから、関連する情報をメールで送っておいて!」などと言ったとします。

そして、「いざやろう」と思ってその書類を読んでみると、自分がアクションを起こすのに

必要なものが抜けていることがあります。あるいは、アクションを起こすには少し手直しが必要になる場合があります。

これをすぐにチェックしておけば、部下にも指示できたかもしれませんが、その瞬間に部下が目の前にいるとは限りません。すると、その指示をするという行為自体が先延ばしになってしまいます。

このような、無駄な時間を削減していかなくてはならないのです。そこで必要なことが、自分のお願いごとが、次にどのように扱われるのかを予測して、その条件を整えたり、その条件を聞いてもらうということなのです。

▼何かを決めてほしいとき

何かを決めるときには、そのための判断材料が必要です。判断に必要な材料がわかっているときはいいのですが、もしわからない場合には、それを意識して確認するようにしましょう。

「ここには、○○と△△の情報がありますが、判断に必要な情報は、他にあるでしょうか？」

というひと言があるだけでまったく違ってきます。判断に必要な情報に漏れがないかどうかをチェックする、という作業自体を予測して事前に打診するのです。

▼誰かと調整してほしいとき

また、他の部署の誰かと調整をしてほしくて、お願いすることもあります。上司同士で決めてもらわなくてはならないケースです。このときに面倒なのは、時間の調整です。お互いに忙しい上司同士ですから、先方にアポイントを取るという作業が、意外に煩わしいのです。

このようなときには、部下自身がアポイントまで取ってしまいます。先方、あるいはその部下の方にお願いをして、自分の上司との打ち合わせの場をセッティングしてしまうのです。それによって、調整してもらうタイミングを早くすることができます。

▼より上層部に了解を得てもらいたいとき

たいていの会社では、何かのお伺いを立てるときには「稟議書」、あるいはその類いの文書を用います。上層部に了解を得てもらうお願いをしたのですから、このような文書を作成することが、上司の次の仕事だと予測することができます。しかし、この書類作成に時間がかかってしまうことがあります。

そこで、この書類を部下自身が作成してしまうのです。作成すると言っても、モデル文面程度でいいのですが、それをコピーして貼り付けるだけの作業ですむようにしてあげればいいでしょう。これで、上司の「書類をつくらなければ……」というハードルを下げることになります。

他にも同じようなケースがありますが、大事なことは、上司が次にしなくてはならないことを、部下自身が「してあげる」ということです。

それによって、下駄を預けた状況であっても、**実際にコントロールしているのは部下自身である、という状況をつくることができます**。完全にやってあげることは難しいとしても、少し立ち入ることで、実は上司は大いに助かるのです。

そして、その「読み」ができる部下に対する信頼が生まれます。面倒な作業のように思えるかもしれませんが、これによって仕事がスムーズに進むならたいした手間ではないはずです。

ぜひ、**上司の「次の一手」を予測してあげましょう**。よくわからないうちはダイレクトに聞いてしまってもいいでしょう。私は実際、そのようにして「読む」力を養いました。

2 上司に情報を提供しよう

予測できる上司の行動の中に、「調べる」ということがあります。上司は、それまでの部下とのやり取りの中から断片的に情報を得たり、おおざっぱに全体像は理解しています。

それで、おおむね調整はできるのですが、いざ他部署や上層部に打診しようとすると、少し心配になるため、過去の書類やメールをひっくり返して調べものをするということがよくあります。

中途半端な理解で打診して、こちらがわかっていないことを知られるのが怖いからです。

ですから、先ほどの「予測する」考え方で、**この上司の「調べる」行動を先読みして、これを手伝ってあげる**のです。具体的には、次のような配慮のうえで情報を提供してあげると非常に効果的です。

▼時系列で要旨をまとめてあげる

過去の資料を引っ張り出して理解するにしても、大量の情報は必要ありません。用意したところで読めないからです。そこで、全体像がつかめる資料があるといいのですが、ここで時系列がわかる情報があるといいケースがあります。

とくに、調整を行なう対象部署の方がどこから関わっているのかを記載しておかないと、やり取りの中で誤解を招くおそれがあります。ですから、簡単でもいいので、ぜひ時系列でまとめておきましょう。これによって、断片的になっている状況が理解しやすくなります。

▼最新情報を強調しておく

話の流れは、時系列でまとめることでわかりやすくなりますが、最新情報はどれなのかという部分は強調しておきましょう。とくに数字がからむ場合、誤解を招くといけないので、最新の数字は、色を変えるなり、別記載するなり、強調しておくのです。

数字を間違えていると、上司は最新情報を持っていないという目で見られることになります。その事実自体はたいした問題ではないにしても、他部署や上層部から部下との意思疎通を疑われてしまう原因になるため、とくに数字は要注意です。

▼正式な名称を示しておく

情報をやり取りしていると、お客様の名称、関連する団体の名称、問題となっている案件名、法律の名称、出てくる専門用語などが略称化されていることがあります。とくに、正式な文書を作成しなくてはならない場合、正式名称が必要になります。これがわからないために、調べもので手間取ることもよくあります。

情報提供の段階で、どこかに正式名称を記載しておくことで、上司が調べる手間を省くことができます。また、これまで略称で扱っていたために誤解していたり、似たような名称の別のものと勘違いしていることが確認できます。

日本語もそうですが、アルファベットでの略称や頭文字で示している場合、意外な勘違いが多いものです。ここをフォローしておくと、上司は大いに助かるのです。

▼交渉相手から求められそうな情報

上司自身があまり意識していなくても、交渉してもらう相手先から求められそうな情報というものもあります。

私はかつて、部下に頼まれた調整ごとで財務部門に相談に行った際、すでに調整が終わっていると思っていたことがまだ了解されておらず、その情報を持っていなかったおかげで、ひどい目にあったことがあります。相手の部署によって、気にする情報は異なります。

その相手ごとに必要な情報、たとえばコストの試算表、他社との比較データ、過去のクレーム事例などを用意しておくことも大切です。これも、他部署から見られる、上司部下間のコミュニケーションの状況なので要注意です。

すでに述べたように、上司は意外と最新情報を知らなかったり、現場の情報から遠ざかることで勘が鈍っていることがあります。多少、「やり過ぎかな？」と思う程度でちょうどいいのです。

わかったふりをしている上司が、思わぬ落とし穴に落ちないようにするためにも、部下によって整理された情報提供は非常に役立ちます。

3 上司は何を抱えているのか？（優先順位を知る）

あなたは、上司が今、何に最も時間を割いているのか、何に一番気を取られているのかをチェックしているでしょうか。

たしかに、上司が部下にそんなことを報告することは少ないでしょう。部下は上司に報告する。また行動予定も報告する。これは職務上の義務です。しかし、その逆はありません。ただ、上司の行動や重要業務を知ることが不可能なわけではありません。これは、ひと言で言えば、「アンテナの張り方しだい」で、知ることができます。情報収集のうまい人は、このアンテナの張り方が優れています。

ですから、同じような環境で仕事をしているにもかかわらず、なぜか情報を得ています。情報がない人からすれば、「どんな手を使っているのだろう？」と思うかもしれませんが、実はそれほど特別なことをしなくても、情報を得ていることが多いのです。

では、何のためにそのような情報が必要なのでしょうか。上司が、とくに大きな仕事を抱えているわけではなく、部下であるあなたの相談にいつでも乗ってくれるなら問題はありません。しかし、実際はそのようなケースはほとんどなく、常に何らかの重要な問題を抱えているものです。

ですから、その問題の合間に自分の相談をねじ込んでいかなくてはなりません。そのためには、上司の忙しさの度合、抱えている問題の重要性についての情報を持っていることは大切です。

最終的には、自分の案件のフォローをしてほしいわけですが、そのタイミングを誤ると、上司を怒らせてしまうことにもなりかねません。これは、社内だけでなく営業先でも同じです。

お客様の担当者やキーとなる人が、どんなことで忙しいのか、今、何に気を取られているのかを知らないと、買っていただくタイミングを誤ることにもなります。お客様もそうなのですから、身内である上司の状況を把握することは、当然必要です。

上司が外出する場合、何らかの情報を残していくはずです。よくあるのは、ホワイトボードに訪問先を書き残すパターンです。

そこに、具体的な企業名などが書いてあれば、少なくともどこの会社に行っているかはわかります。次に、誰と行っているかです。

上司が1人で訪問している場合は仕方ありませんが、誰か部下と同行している場合、上司には聞けなくても、同行している部下にそれとなく聞くことは不可能ではありません。それが、たいした仕事でなければ、それだけのことです。

問題は、**今上司が頭を悩ませている最重要課題は何なのかを探ることです**。とくに、そういう場合は、電話でも頻繁に話が出てくるはずです。アンテナをきちんと張っている人は、このような状況下での情報収集能力に優れています。

私も会社員時代に自分が大きな問題を抱えていたとき、頻繁に電話でその件のやり取りをしていました。私は、決してその問題を隠しているわけではなく、部下に聞かれてもいい話だったのですが、この状況に気づく人とまったく気づかない人がいます。

私からすれば、あれだけ大きな声で話しているのに、気づかないほうがおかしいと思うこともありました。すべての人の話に注意を払う必要はありませんが、**社内のキーパーソンである上司の言動には、常に注意を払っておきましょう**。

上司からすれば、実は部下に、自分の状況を知ってもらいたいと思っていることもあります。でないと、常に暇であると思われるのは、上司も不都合だからです。

そのため、私は管理職時代、自分の週間行動計画を、すべて部下に公開していました。しかも、部下から送ってくるよりも早く部下にメールを送るのです。報連相は、その予定を見たうえでやってほしいという意思表示です。

もちろん、上司は部下に明らかにできない情報も持っているし、そういう行動を取らなくてはならないこともあります。そのときは、上司は部下にはわからないように適当にカモフラージュするものです。

部下はアンテナをしっかりと張って、同僚などの情報も活用しながら、上司の状況をつかむようにしておきましょう。

そして、「今、かなりたいへんそうなので、この案件の相談は後日にしたほうがいいでしょうか？」などといった配慮を見せると、上司は「いや、それは先にやってしまおう」と、逆に応じてくれることもあるのです。

4 部下の、ちょっとした「ひと手間」がありがたい

かつて私の部下で、上司（私）の行動を予測することが非常にうまい人がいました。前述した上司の行動を把握することは、ほぼできていたと思います。そして、なかなか憎いなあと思わせるのは、私のさまざまな管理上のクセまで把握していたことです。

たとえば、書類はどのように管理しているのか？　メールのチェックの頻度は？　その日の移動時間と手段は？　など、だいたいの行動サイクルを押さえていました。

私は、外出先でもメールは頻繁にチェックするタイプでした。まだスマートフォンが普及する前の話ですが、パソコンは常に携帯し、イーモバイルで、どこでもメールをチェックできるようにしていました。

ですから、不在だからといって連絡が取れないわけではありません。私の場合、社内でデスクに座っている時間よりも、外出時の移動時間のほうが物事を考えるのに適していたようです。ですから、わざと移動時間に相談のメールを入れてくるのです。これは携帯へのメールでもいいのです。すると、移動時間中に考えることができるため、早く返答してあげることができます。また、読んでもらいたい書類があると、移動中に読めるように出張前に持たせてくれます。

このように、私の行動パターンを推測してくれことは、私にとってもありがたいことでした。

ここまでできる人は、そう多くはないとは思いますが、少しでも相手の行動を推測して配慮したり、**同じ仕事でも、早く効率的にすむように「ひと手間」を加えることができる人は、上司にとってはありがたい存在です。**

小さな仕事でも、ひと手間をかけることはできます。たとえば、上司からコピーを頼まれたとします。必要枚数のコピーを取り、それを上司に渡せば任務は完了です。しかし、ひと手間はその先にあります。

そのコピーされた書類は、どのように使われるのでしょうか。ファイルされる、ホッチキスで止めて使われる、一枚ずつ配布されるなど、何らかの用途があるはずです。依頼する上司がそれを頼むときに明確に指示してくれることもあれば、上司自身がそこまで頭がまわっていないこともあります。「会議まであと20分！　とりあえず、コピーだけしてくれ！」という感じで頼んでいることも多いものです。

その際、「これはファイルするなら、穴を開けておきましょうか？」「止めておいたほうがいいでしょうか。それとも配布するのなら、止めないほうがいいでしょうか？」などと、部下から聞いてあげることもできます。

そこで、上司もようやく「そうだな。会議で配布しなくてはならないので、10名分をそれぞれまとめておいてくれると配布が楽だな」と気づくかもしれません。そして、そう聞いてくれた部下に、感謝の気持ちが生まれます。

また、コピーを頼まれたときはチャンスでもあります。それは、上司が行なっている仕事を知るチャンスということができるからです。

上層部の方が出る会議であれば、その会議の内容を垣間見ることができます。「ほう。そんなことが議題になっているのか」であったり、「今、このプロジェクトが進行しているのか。先日飛び交っていた言葉はこのことだな」などといった内容をつかむことができます。

私は、まだコピーを頼まれるような一担当者時代、このコピー取りで頻繁に情報を得ることができました。そのおかげで予測がしやすく、さらに別のひと手間をかけることができ、上司とよい関係を築くことができました。

こういった仕事でも、アンテナの張り方しだいで有効な仕事になるのです。あまり公にはお勧めはできませんが、こっそりコピーをよけいに1部取っておき、自分の資料にしてしまうこともできます。

私がこのようなことができたのは、〝コピーで「ひと手間」かけてくれるやつ〟という、いい意味でのレッテルを上司が貼ってくれたからに他なりません。

このような意味で、「ひと手間」は決して侮れないのです。

5 ひと手間を加えよう メール編

今やメールは、ビジネスに必須のツールです。メールで、上司から指示が来ることもあれば、メールで上司に報告やお願いをすることも、今ではごく当たり前に行なわれています。それだけに、上司とのメールコミュニケーションがうまくいかないと、仕事の効率に大きな影響を及ぼしてしまいます。

とくに、メールで上司にお願いごとをするケースは、非常に重要です。この場合、どのような「ひと手間」が必要なのでしょうか。

メールで上司にお願いごとをする場合、目的はひとつです。「上司に動いてもらう」ことです。ということは、上司がそのお願いごとに応じてどう動くのかを予測します。そして、そのために動きやすくする「ひと手間」を加えるのです。

たとえば、このようなケースを考えてみましょう。自分が担当している仕事で、社内に根回しが必要となったとします。

そのための声がけを、自分でやったのでは影響力がやや弱い。そう判断したとすると、必然的に声がけの発信を上司にお願いすることを思いつきます。そして、発信をお願いするメールを打ったとしましょう。たとえば、このような文面です。

「新名部長　たいへんお世話になります。今回のプロジェクトの件で、これまでご報告させていただいた通り、順調に進めてはおりますが、そろそろ関係部署の方々にご協力をお願いする段階にきたと考えています。そのために事前根回しとして、お声がけのメールを発信したいのですが、なにぶん私では役不足のため、新名部長からメールをご発信いただければ幸いです。来週には、各部署を訪問して説明したいと思いますので、今週中にご発信いただければ幸いです。よろしくお願いします」

さて、このメールを受け取った上司はどう思うでしょうか。内容そのものは理解することができます。また、著しくマナーを欠いているというわけでもありません。

しかし、これでは実は動きづらいのです。この次に上司がしなくてはならないアクションは、次のように推測できます。

①関係する部署と宛先を特定する
②今回のプロジェクトの背景を説明したうえで、協力を要請する文章を作成する
③いつ、自分の部下が説明にうかがうか、ということを明記して発信する

この、①～③の作業をフォローしてあげるのです。文章そのものをすべて作る必要はありません。まず、メールの宛先を選定するのがなかなか面倒な作業です。以前、部下からこのよ

うなお願いをされたとき、「では、送ってほしい方の宛先を送っておいてください」とお願いしました。

すると、部下からは、その名前がずらりと書かれたメールをもらいました。しかし、これでは不十分です。その名前の方々の、メールアドレスの一覧がほしいのです。それがあれば、宛先にコピーして貼り付けるだけでいいからです。**この「ひと手間」がほしいのです。**

そして、背景についての短い説明文という自分（部下）がうかがうか、という情報を記載した文章を付け加えます。それも、コピーして貼り付けるだけでいいようにしておくのです。

すると上司は、後はお願いの文章を書くだけで完了するわけです。この「ひと手間」があれば、すぐに対応できることが、それがないことで数日寝かされるという悲劇を生んでしまうかもしれません。今週中に根回ししたいのに、来週になってしまったのでは意味がないのです。

このケース以外でも、基本的に考え方は同じです。メールを送る際に、予測されるちょっとした手間をかけてあげるだけで、こちらの目論見通りに仕事が進むのです。

その積み重ねが、仕事の速度に大きく影響してくるのです。そして、もうひとつだけやっておくべき配慮があります。上司にお願いをするメールに付け加える一文です。

「この発信を新名部長にお願いできれば、影響力も絶大ですので、各部署も気持ちよく応じていただけると思います。お手数をおかけして恐縮ですが、ぜひともお願いいたします！」

この2行の文章で、上司の自尊心を刺激することで、上司はすぐに動いてくれることでしょう。上司といえども、ほめられて悪い気はしないからです。

ほめると言うと、上から下に対してと思いがちですが、実は下から上に対してもできることです。これによって、仕事をどんどん進めてもらいましょう。

6 ひと手間を加えよう 報告編

メールが重要となった今でも、口頭の報告・連絡・相談、いわゆる報連相は重要です。どちらが大事ということではなく、メールも口頭も大事で、それを両方行なう必要があります。

ここでも、ちょっとした「ひと手間」で、報告がうまくできるかできないかが決まってきます。これは、報告・連絡・相談それぞれに共通することですが、ここでは報告の場面を想定してみましょう。

こんなシーンを想像してください。きっと、どなたにも起こり得るシーンだと思います。

あなたは、上司に大事な案件を報告したくて、朝から機会をうかがっています。しかし、朝からずっと忙しそうな上司には、ひっきりなしにいろいろな方が話しに来るし、電話もしょっちゅうかかってきているため、なかなかタイミングが合いません。

もちろん、自分もずっと座って待っているわけではないので、両者のタイミングを合わせることは、至難の業のように思われます。

しかも、上司は短気です。これまで何度も、「こんなときに話しかけるな！」と怒鳴られた経験があります。それを思うと、なかなか話しかけられないのですが、報告が遅れるとさらに怒られそうな気がして、どんどん気持ちが焦ってしまいます。

このような悩みを、ご相談いただくことがよくあります。実は、私自身も同じような経験を数多くしてきています。そして、実に簡単で当たり前のことを上司にはしていなかった、ということに気がつきました。

それは、**「アポイント」を取る**ということです。確実にお客様に会うためには、突然の訪問はしないはずです。当然、事前にアポイントを取ります。しかし、社内で同じフロアにいる上司に、「アポイントなんて必要なの？」と思われるかもしれません。

しかし、これが有効なのです。それは、「アポイント」という名目の、相手への「配慮」となるからです。たとえばこんなイメージです。

「新名部長、たいへんお忙しいところを恐縮ですが、今日、どこかでＡＢＣ商事の件で報告をさせていただきたいことがあります。お忙しいと思うので、部長のご都合のよいお時間をお教えいただけませんでしょうか？　10分ほどでけっこうです」

たったこれだけのことです。ここでのポイントは3つです。ひとつは、「今」でなくていいと断っていること。二つ目は、何の案件かということを明言すること。三つ目は、相手の時間に委ねるということです。

運よく、その瞬間に「じゃあ、今やって」と言われることもあるし、「今、ばたばたしているから30分後に来て」と言われるかもしれません。あるいは、「夕方でもいいかな？」と言われるかもしれません。

それでも、タイミングをはかってドキドキしているよりははるかにマシです。

そして、上司はその「配慮」にありがたさを感じるのです。この当たり前のことを繰り返していると、上司はあなたに対して、絶大なる信頼を寄せてくれるようになります。

では、上司の忙しいときに話しかけると、なぜ怒られるのか？　その瞬間、上司は別のことで頭がいっぱいだからです。そのとき報告に行くと、上司の思考は、いったん遮られることになります。その報告後に頭をリセットして、もう一度仕切り直すのが面倒なのです。

メールを打っている最中に話しかけられるときは、それが顕著です。文章を考えるときには、人はかなり集中しています。話をしているとき以上に、１人の世界に没頭しています。

この作業を中断されることが、非常に大きなストレスとなるのです。私はよく、報告のタイミングをはかる部下には、「悪いけど、このメールを打ち終わるまで待って」と頼んだり、「文章の区切りまでちょっと待って」と頼んでいました。

そうでないと、作りかけの文章を中断してしまうと、その後に再び書く際、かなりのエネルギーが必要となるからです。

この上司に、アポイントを取る際の行動で、有効なことをご紹介しておきます。これは、事務所のレイアウトにもよりますが、上司の「視界に入る」ということの重要性です。

部屋のレイアウト上、上司に話しかけるとき、上司の死角から話しかけてしまうことがあります。私も何度か経験がありますが、後ろから話しかけられるようなイメージです。自分が、死角から話しかけられることを想像してみてください。これは、非常に怖いものです。

そのため、あえて一度上司の視界に入るように、遠回りしてから話しかけることが大切です。実は、上司もうすうす感づいています。「あっ、今から報告に来るな……」と。

そのうえで話しかけると、心の準備があるため、よけいなストレスを感じなくてすむのです。

7 ひと手間を加えよう 相談編

報連相の相、すなわち相談でも報告と同じような配慮が有効です。ただ、報告や連絡と異なることがひとつあります。それは、**話の最初に「相談」であると明確に告げる**ことです。

逆に、報告であっても、まず最初に「報告」であると告げるべきです。これも、意外にやっていません。

なぜ、「相談」であることを告げる必要があるのでしょうか。話し手、つまり相談する部下の立場からすれば、その話の最後が相談になることを知っています。そのため、最後には何らかの判断を上司からもらいたい、という前提で話をはじめています。

しかし聞き手、つまり上司にとってはどうでしょうか。話を聞きはじめた段階では、それが最後にどうなるのか、まったくわかりません。最後に、判断を求められる前提で話を聞くのか、あるいは、まず現状認識の報告で終わることを知って話を聞くのかでは、聞く側の姿勢は大きく異なってきます。

報告だと思って聞いていて、最後にいきなり判断を求められると、「えっ⁉」と思うことになり、逆に判断しなくてはならないつもりで聞いていて、単なる報告だとわかると肩透かしをくらったような気持ちになります。

このようなミスマッチを防ぐためには、最初に「これは相談なので、最後に部長のご判断をぜひお聞きしたい」と断ることが必要なのです。

相談に限らず、コミュニケーション全般について言えることですが、話の落とし所が見えないまま話を聞いていると、聞き手はよけいなことばかりを考えてしまい、話に集中することができません。聞きながら話し手の真意を探ったり、どこかで話を切って、「で、何を求めているの⁉」と問い質すタイミングをはかっていたりするからです。

そのような状態だと、情報も正しく伝わりません。情報を正しく伝えるためにも、聞き手によけいな推測をさせずに集中できる環境を提供しましょう。

一方、相談後に上司からもらうコメントや判断が、自分の意見と合わないことがあります。また、行き違いがあって、部下にとってみればトンチンカンに思える判断を下されてしまうことがあります。

このような場合、部下の心の中では「この上司、わかってないなあ〜！ どうしてそんな答えになるわけ⁉」と叫んでいるはずです。しかし、上司の判断やコメントに納得できないからといって、いきなり否定してはいけません。

「いや、違うんです！」や「でも！」などと言ってしまうと、上司はどう思うでしょうか？「こいつ、せっかくアドバイスしてやったのに、いきなり否定してくるとは何事だ。それなら聞くな！」と思ってしまうはずです。

上司でも部下でも、よかれと思ってコメントしたことをいきなり否定されるのは嫌なものです。そこはワンクッション置くためにも、いったんは上司の判断やコメントを肯定的に受け止めるようにしましょう。

この肯定的というのは、その判断にしたがうということではありません。「なるほど、その判断は気づきませんでしたね！」と受け入れてあげるだけでいいのです。

そうして、相手の判断をいったん持ち上げたうえで、「部長、ひょっとすると私の説明不足で重要なことがお伝えできていないかもしれません。それは……」と言って、再度議論に引き戻すのです。

ここでは、**あくまで部下である自分の「説明不足」を原因にします**。決して、上司の「理解不足」のせいにしてはなりません。言葉にしなくても、「この上司、わかってないなあ」という雰囲気を出してしまうと、上司はそれに気づいてムッとしてしまうからです。

そこは、あえて自分が「気づかないフリ」をするのです。これは、お客様が相手でも同じです。相手の「理解不足」を原因にしても、何も解決しないからです。

さてここで、相談だけでなく報告や連絡でも使える立ち回り方を、ひとつご紹介します。アポイントを取るほどではないが、ちょっとひと言話しておきたいこと、という場合です。上司のデスクの横に行って、そこで話をするケースです。

そのとき、上司が部下のほうを見向きもせず、パソコンに向かったまま話を聞いていることがあります。これでは、上司の頭の中は、依然としてパソコンの仕事が半分以上を占めていることになります。

このような状態で判断を求めても、まともな答えなど得られません。そこで、上司の目をパソコンから切るように仕向ける必要があります。そこで、資料を別のデスクに並べて、「ちょっと資料が多いので、こちらをご覧ください」と言って場所を変えるのです。

これだけでも、話に集中してくれる度合がまったく異なってきます。自分に注目するように工夫するのです。

8 上司が何に期待して仕事を振ってくるかを考える

上司が部下に仕事を振る際、何を基準に担当する部下を選んでいるのでしょうか。誰でもいい仕事など、そうそうあるものではありません。仕事を振る以上、成果を期待しています。すると、その成果を上げるには誰に頼むのがいいのかという判断基準があるはずです。私は大きく分けて、３つの判断基準があると考えています。

①その仕事を任せるには、その人の専門性が最適
②その仕事を最も早く（あるいは正確に）行なうには、その人が最適
③その仕事をきっかけに、その人に新たなチャンレンジをしてほしい

上司が、それを明確に部下に伝えることができていればいいのですが、それらをはっきりと伝えることができない上司もいます。また、部下が上司の意図を汲み取れないことがあるかもしれません。

その際には、その意図を確認するべきです。それができないなら、せめて推測してみましょう。すると、そこには何らかの**「期待」**があるはずです。その「期待」がわかれば、自分が次

に何をしなければならないか、が推測できます。そして、そこに向かって準備することができるのです。

専門性を期待されている場合は、これまでの経験の延長上なのでわかりやすいはずです。また、周りも納得します。後は、その専門性を活かしてしっかりと仕事をやり抜くだけです。

早さや正確性を期待している場合は、上司からすれば公には言いにくいかもしれません。他の部下に、「私の仕事は遅い（あるいは不正確だ）と思われている……」と思わせないように、あえてその人に頼む理由を言わないかもしれません。しかし、仕事の内容でそれを察することは十分にできます。

最も難しいのは、新たなチャレンジを期待されているケースかもしれません。このような仕事を振られたときには、最初は誰でも驚きます。

そして、周囲からも「何であいつが？」という目で見られることもあります。「それなら、自分のほうが得意なのに」と思っている人は必ずいるはずです。

しかし、このようなケースは自分の世界を広げる大きなチャンスです。そして、そこに上司のひそかな、しかし大きな期待が隠れていることがあるのです。

私の経験ですが、こんなことがありました。私が一担当者だった20代の頃、食品製造業に関する仕事を多く担当していました。お客様のほとんどが食品製造業でした。

ですから、その仕事に数年間没頭していると、食品製造業のことはある程度わかるようになっていました。
どこまでいけば専門家と言えるのか、という問題はありますが、3年間一所懸命取り組んだ実績のある仕事は、「専門」と言ってもいいでしょう。すると、この段階では私は（少なくとも社内では）、食品製造業について専門知識があったと言えます。

しかし、そのときに病院や介護施設に関する仕事を任されるという転機がありました。病院や介護施設でも食事を提供することがあります。ですから、この市場も、食品関連と言えば食品関連です。しかし、かなり特殊な市場であるため、最初は苦労しました。

専門用語もわからない。市場での問題や課題もわからない。そのため、お客様と話をしていても、いつもヒヤヒヤしていました。そのときは、「何で、自分にこの仕事が回ってきたのだろう。他にも、この分野に強い人はいるだろうに」と、正直思っていました。

しかし、会社全体が医療分野を大きく育てていきたいという背景があったのです。その意向を汲み取れたことで迷いが消えました。

すると、しだいに面白くなってきます。そして、1年2年経つと、多少のことはわかるようになってくるのです。

その後、私の会社は医療関連分野の市場で大きく売上げが伸びるようになってきました。そして、曲がりなりにも医療関連のことを学んでいたことで、その会社の流れに何とかついていくことができました。これは、今でも大きな財産となっています。

どんな仕事でも、いただいたときにチャンスと捉えるか、面倒なものを振られたと捉えるか。
ここで大きな差がつきます。どんなに小さなことでもチャンスと捉え、上司の期待を予測して
取り組む――そのような姿勢の部下であることが、きっと将来役に立つことになるのです。

7章

上司のモチベーションは部下が上げる！

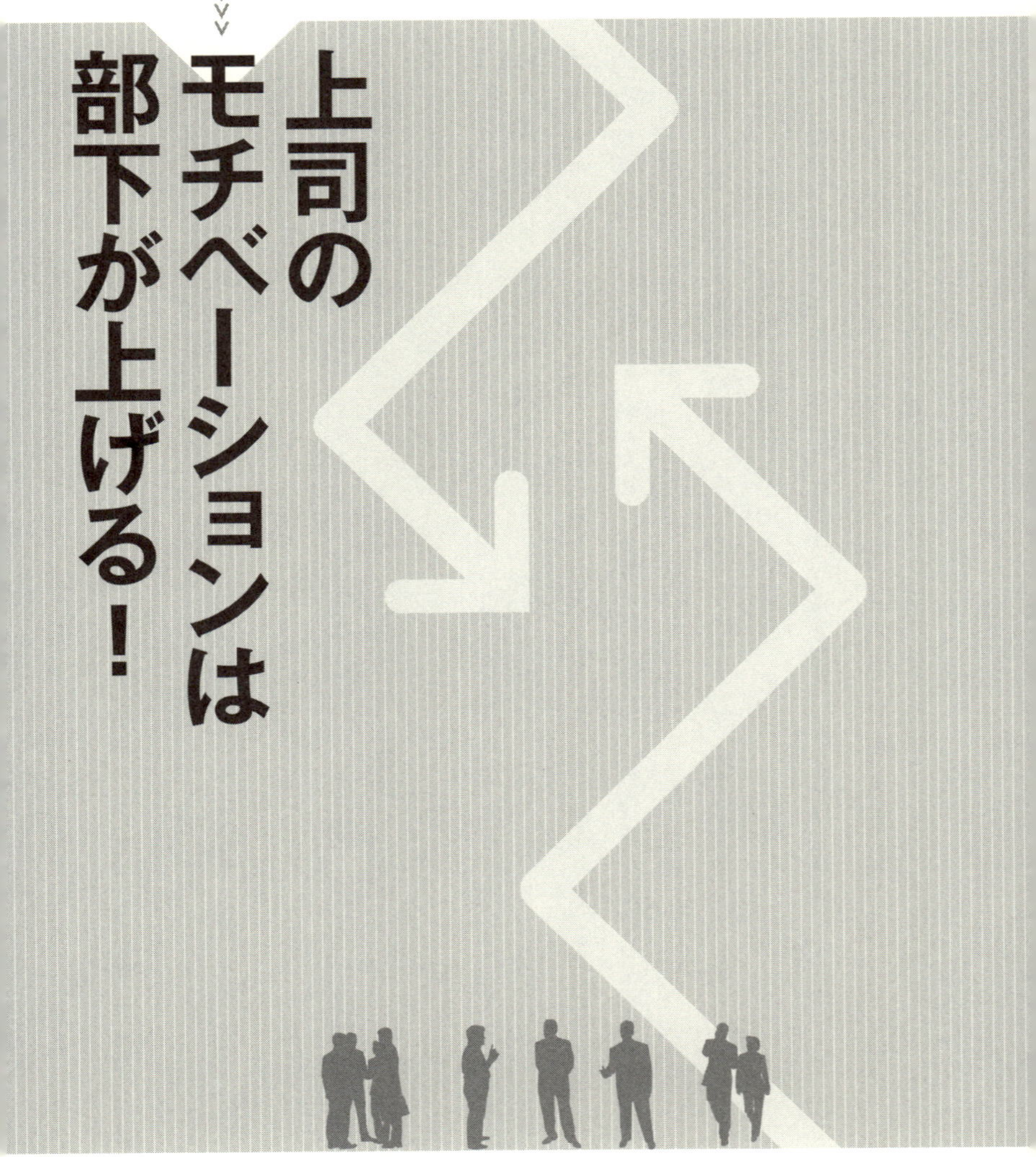

1 上司にとって、部下の喜ぶ顔ほどうれしいものはない

部下のみなさんは、上司にほめられるとモチベーションが上がると思います。営業マンであれば、上司よりもお客さんにほめてもらったほうがうれしいことはありますが、それでもやはり、上司にほめられて悪い気はしないものです。そして、そのことでモチベーションが上がります。

では、上司のモチベーションは、いったい誰が上げるのでしょうか。上司の上司でしょうか？それとも社長でしょうか？

もちろん、上司の上司や、社長からほめられることもないことはありませんが、そうそうあることではありません。職責も高いため、できて当たり前。手柄は部下に取らせるべき、という暗黙の了解もあります。

まれに、部下の手柄を取り上げるような上司もいますが、真面目な上司ほどそんなことはしないため、ほめてもらう機会はほとんどないのです。

私が、真面目な上司だったかどうかはわかりませんが、私も30歳を超えたくらいから、10年近く、誰かからほめてもらった記憶がありません。

そうした状況でモチベーションを保たなくてはならないのですから、実は上司もたいへんな

のです。人間だから、弱気になることもあります。

では、いったい誰が上司のモチベーションを上げることができるのでしょうか？

それが、まさに部下の役割なのです。**部下こそが、上司のモチベーションを上げることができる数少ない存在**なのです。

上司は、部下の見えないところで部下のクレームをたくさん聞かされているというお話をしました。私も社内、社外の多くの方々から、部下に対するさまざまなクレームを聞かされてきました。

「あの人、あかんわ！　担当、変えてよ！」「あいつ、何とかせぇ！」「ちゃんと、新名さんが教育しといてよ！」……それはもうキリがありません。

人は、いい評判よりも悪い評判を指摘するものです。必然的に、悪い話を聞かされることのほうが多くなります。それはそれで対処しなくてはならないのですが、そんなときにもし、「おたくのあの人、すごくいいよね！」と言ってもらうことができたら、どれだけうれしいでしょうか。まさに、砂漠でオアシスを見つけたようなものでしょう。

何せ、厳しいことを言われることに慣れています。そんなときにほめられると、「えっ？ほんとに！」と、一瞬疑いたくなるような気持ちになります。これが、上司にとっては実にうれしいことなのです。

かつて私には、教育するのに苦労した部下がいました。新卒でなかったこともあり、会社の文化や業界のルールの違いも大きかったのかもしれません。本人は、決してサボっていたわけではなく真面目にやっているのですが、仕事がうまく進まず停滞していました。新しいテーマへの取り組みだったため、他の部署の方々からしても、すんなりとは協力してもらうことはできませんでした。私も、その人のすべてをフォローするわけにもいかなかったため、どうしようか思い悩んでいました。

それでも本人は、粘り強くいろいろな部署の方々と交渉を続けていました。そして、ようやくその熱意が伝わりはじめた頃、数人の方からこう言われたのです。

「彼女、すごく成長したんじゃない？　よくがんばっているから、応援したい」と。これは、私にとって本当にうれしかったことを覚えています。私は、これといった効果的な指導はできませんでした。しかし、本人は一所懸命に粘ったのでしょう。それを、他の部署の人がほめてくださった。まさに、粘り勝ちです。

そして、その部下と打ち合わせをした際にそのことを伝え、それが私にとってもうれしかったことを伝えました。そのときの部下のうれしそうな顔を忘れることはできません。

私も、他の部署の方からほめられたとき以上に、本人の笑顔を見たときのほうがうれしかったことを、今でもよく覚えています。

そのとき、自分のモチベーションは、こういうことで保たれるのかもしれないと思いました。上層部からほめてもらうとうれしいかもしれないものの、ビジネスであるため、心のどこかで、「そんな甘いはずがない。あれは表の顔で、裏にはきっと何かあるはず……」などとよけいなことを考えてしまいます。

しかし、**部下の純粋な喜びは、こちらを幸せな気分にしてくれます**。部下は私を喜ばせようとしたわけではありません。どうしていいかわからないながらも、一所懸命にがんばっただけのことです。本人は、それが私のモチベーションを上げているなんて、想像もしていないはずです。

しかし、それは私にとっては、「これからもがんばろう！」というモチベーションアップになったのです。部下のがんばりが、こんな形で上司をサポートすることもあるのです。

2 上司に「ありがとうございます」を伝えているか

自分ががんばることで、上司のモチベーションが上がる。これは、なかなかたいへんなことのようですが、実は簡単です。

それは、「ありがとうございます」と伝えるということです。上司はほめられることが少ない、ということを述べましたが、同様に「ありがとう」と言ってもらえることも少ないのです。

上司はやって当たり前、できて当たり前の存在です。やっても、誰からもほめられず、また、お礼を言われることもありません。

上司が、部下のフォローをするのは当たり前です。たしかにその通りなのですが、部下のフォローをしてあげた後、きちんとお礼を言える部下と言えない部下がいます。

それは、言えない人に悪気があるということではありません。おそらく、本人の頭の中では、その案件でいっぱいなのだと思います。上司のフォローのおかげで、何とか仕事を進めやすい環境を作ることができた。これから失敗せずに進めることができるだろうか——そんなことで、頭の中はいっぱいなのかもしれません。

そこで、ついうっかりお礼を言うことを忘れていた、ということなのでしょう。しかし、このフォロー後の対応はたいへん重要です。

これは、仕事の場だけではありません。たとえば、部署を異動したとします。早速、自分のために歓迎会を開いてもらいました。あなたなら、翌朝どのような対応をするでしょうか。まずは朝一番に、部署の責任者、直属の上司、そして幹事を務めてくださった方にお礼の一言をかけるべきです。

これが、さり気なくできる人は、私の感覚では、10人中2、3人といったところでしょうか。そんなに難しいことではありませんが、**これができる人は仕事もできます**。自分と組織の関係がわかっているからです。

ですから、まずはこういうことからでも、はじめてみましょう。

たとえば、上司が同行営業してくれた翌日の朝一番に、「昨日はありがとうございました」

と伝えるのです。

また、会議で上司に同席してもらったら、部屋に戻ってから、「ありがとうございました」と伝えます。あるいは、メールでアドバイスをしてもらったら、「先ほどのメールの件、ありがとうございました」と伝えます。**このような配慮は非常に重要です。**

自分のために時間を割いていただいた、ということに対して感謝の気持ちを表明するのです。その成果がどうかということではなく。たくさんの部下を抱えている上司であれば、何が大切かというと、とにかく時間です。

ですから、短時間といえども、上司を独占できたことに対してきちんとお礼が言えるようになれば、上司は信頼してくれるようになります。そして、フォローしてよかったと思えるのです。**たったこれだけのことで、上司のモチベーションを高めることになるのです。**

これは、実は上司だけの問題ではなく、お客様についても言えることです。誰にとっても、時間は非常に貴重な資源です。やるべき仕事は多様化しています。それに対して、長時間労働がしづらい環境になっています。

だとすると、時間効率が重視されるようになります。その貴重なお客様の時間をいただくわけですから、そのことに対して感謝する気持ちを持たなくてはなりません。

商談の席でよく、「お忙しいところを申し訳ありません」と言いながら、時間の大切さを意識していないような営業マンを見かけることがあります。準備が悪い、無駄な話が多い、早く切り上げる意識が乏しい――このような人は、相手の時間の貴重さがわかっていません。おそらく、社内での対応も同じようなものでしょう。

口では、「お忙しいところ」などとは言っていても、しょせん社交辞令です。相手も、「早く帰ってくれないかなあ」と思ってしまうわけです。

話は戻って、上司への感謝の言葉ですが、割いていただいた時間に対する感謝だと思えばいい、ということです。上司は、ふだん言われ慣れていない分、素直に喜んでくれる可能性が大きいはずです。上司も、他人から必要とされることでモチベーションが上がります。

なかには、部下が優秀過ぎて、「自分は、部下から必要とされていないのではないか？」と不安に思っている上司も存在します。

その上司が、あなたから「ありがとうございます！」と言われると、モチベーションが上がるとともに、いざというときには、優先的にあなたのフォローをしてくれるはずです。

3 お願いする前には「共感」が必要

みなさんが、誰かから何かをお願いされるとき、何があれば、最も動きやすいでしょうか。

また逆に、最も動きにくいのはどんなときでしょうか。

一番動きやすいのは、そのお願いされたことに、自分も賛成しているときではないでしょうか。逆に、反対意見を持っているときは、いくら熱心に頼まれても動きにくいものです。

さすがに、上司に反対されていれば、その時点でアウトかもしれませんが、反対というほどではないものの、とくに賛成もしていないということはあります。

上司も「まあ、そこまで言うのなら動いてもいいけど……」という程度の意識です。こういうときは、仕事だから仕方なくやるものの、モチベーションは上がりません。

このような場合、部下がやらなくてはならないことがあります。それは、**最初に「共感」を作り出すこと**です。

つまり、上司に「共感」してもらうようなストーリーにしてしまうことです。共感するかどうかは相手しだいでは？　と思われるかもしれません。

しかし、実は共感は作り出すことができるのです。正確に言えば、「共感したような雰囲気」を作ることはできるということです。

お願いが上手な人がよくやる手として、「〇〇さんが、いつもおっしゃる通り」という言葉を使うというものがあります。これを言われると、当の〇〇さんは悪い気がしません。

実際にそう言ったかどうかは別にして、それほど問題のある内容でない限り、「自分はそんなことは言っていない！」などとは言いません。

むしろ、「この人は、いつも私の発言を気にしてくれているのか」という肯定的な捉え方をします。そのうえでお願いをされると、「この人は、少なくとも私の発言を意識してくれていて、私にお願いをしてきている」という目で見ます。

つまり、両者はある程度「共感」という、共通の感情を得たような空気になります。これがあるかないかは大きな違いです。人は、自分に「共感」してくれる人を応援したくなります。

なぜなら、**お願いされた側のモチベーションが上がるからです**。自分を肯定されているという感覚は、モチベーションを上げます。お願い事そのものへの共感はそれほど大きくなくても、自分を肯定している人からのお願いなので、確実に、その人のモチベーションは上がるのです。

似たような表現では、「いつも、アドバイスいただいている内容を意識して」や「以前、ご指導いただいたことをもとに」、あるいは「以前のご指導を参考にして」なども使えます。

いずれも、お願いする相手を肯定する言葉です。もちろん、あまりにもかけ離れた内容ではダメです。あくまで、その方の考え方に近いことが前提です。

そのとき、その方がよく使っているキーワードを入れておくといいでしょう。その方が好きなキーワードが入っていれば、内容そのものでなくても、かなり有効です。

そのうえでお願いをすると、相手のモチベーションが上がり、動いてもらいやすい環境をつくることができるのです。

私は、プレゼンテーションのスキルを向上させるための講座を数多く行なっています。プレゼンでも、この「共感」は重要です。人は、共感しない話は素直に受け入れてくれないからです。受け入れる態勢ができていない人に、いくらわかりやすい話をしてもダメです。心の中で、

「どこかに落とし穴がある」とか、「そんなうまい話はないはず」という疑いの気持ちを持っているからです。

聞き手が「共感」し、「そうそう！」や「あるある！」という気持ちになってもらうことができると、その後の話に肯定的な気持ちで入ってきてくれるため、素直に受け入れてくれることになるのです

しかし、ほとんどの人はわかりやすい説明がよいプレゼンだと思っています。そのため、最初にすべきことは、わかりやすく説明することになってしまいます。わかりやすい説明は、よいプレゼンの必要条件ではあるものの、十分条件ではありません。共感できることがわかりやすく説明されて、初めて相手は行動しようという気持ちになるのです。

そのため、最初に「共感」のステージを作り出すことが重要だということです。そしてそれは、頼まれたほうのモチベーションを上げてくれるという結果を生むことになるのです。

4 上司にも〝苦手な部下〟がいる

部下から見て、苦手な上司というものは当然あります。苦手でない上司のほうが少ないかもしれません。では、上司から見て、苦手な部下はいるのでしょうか。

上司は、立場でコントロールできるため、苦手な部下などいないのでは？　と思ってしまい

ますが、実は苦手な部下はたくさんいるものです。

ただ、立場上それが見えにくいだけなのです。人の好き嫌いということとは別です。ここでは、〝扱いにくい〟という意味での苦手な部下を考えてみましょう。

たとえば、常に、自分自身を守ろうとする人がいます。自己防衛本能が強い人です。そのような人は、周りから何かを言われても、常に自分には問題がない、自分は大丈夫という状況を作ろうとします。

このような人は、上司から指摘やアドバイスをもらうと、次のような対応をしてしまいがちです。

「先日打ち合わせた件だけど、あの後、生産本部の人から聞くと、こちらからの連絡ミスがあったんじゃないか？」

そのとき、自分を守ろうとする人は、このような返答をします。「課長、それは違うんです！なぜなら……」と。

しかし、はたしてこの先にいい結果が待っているでしょうか。このときの上司の心境を推測してみましょう。

上司は上司で、他部署（この場合は生産本部）から、自分の部署のミスを指摘されて恥ずかしい思いをしています。つまり、恥をかかされた状態です。

それを指摘したときの部下の第一声が、「違うんです！」だとした場合、上司はさらに恥をかかされることになります。すると、もうここから先は感情論になってしまいます。「いつもそんなことを言っているから、君はだめなんだ！」などと怒鳴ってしまって、根本的な解決に至らない、という恐れがあります。

このような場合、どうすればいいのでしょうか。ここはいったん、受け入れるのが妥当です。しかし、自分の仕事のプロセスそのものが間違っていたかどうかは、また別の問題です。この問題と一緒になるから反論したくなるのです。

そうではなくて、**上司に恥をかかせたということを、まずは詫びるのです**。そのうえで、くわしく状況を聞くのです。場合によっては、弁解をする必要があるかもしれません。たとえば、「課長、私の担当案件でご迷惑をおかけしてしまったようで申し訳ありません。たいへん気分を害されたことと思います。少し、くわしく状況を教えていただけないでしょうか？……」

これは、顧客クレーム対応の基礎と通じるものです。

自己防衛本能の強い部下は、上司から見ると自分に対して殻を作っているように見えます。つまり、自分を開示しようとしない部下です。自分を開示してくれないため、コミュニケーションの切り口が見えず、扱いに困るのです。

そのために、上司もなるべくこの部下とのコンタクトを避けるかもしれません。このような状況で、いい方向に進むわけがありません。

部下にとっても、自分自身を開示してくれない上司はやりにくいものです。だとすれば、逆も同じです。**自分を開示してくれない部下は、上司にとってみれば扱いづらい部下なのです。**

最近は、上司も部下の情報を得にくくなっています。〝パワハラ〟という言葉は、上司にとってはなかなかやっかいな言葉で、変に部下のことを詮索しにくい空気になっています。

すると、必要以上に部下との関わりを持たないでおこうということになります。

その結果、よけいに仕事自体がやりにくくなります。部下からすれば、聞かれてもいないこと、とくにプライベートなことは話す必要がないだろう、そんなことに上司は興味を持たないだろうと思うかもしれませんが、自分から話すことは勝手です。

本当に言いたくないことは言う必要はありませんが、**言ってもいい自分自身の情報は、ある程度公開しておくべきでしょう。**上司もまた、そのことであれば聞いてもいいと思うため、コミュニケーションの糸口になるのです。

5 会議でコメントを振られたら、あえて上司の分を残す

上司と一緒に会議や商談の場に出ることはよくあることです。このときの役割分担として、おおまかには次のようなことがあるのではないでしょうか。

全体の総括的な話は上司が行ない、実務の詳細の話は部下が行なう。実務は部下のほうがくわしいことが多いし、そのために連れて来られているからです。

しかしそのとき、できる部下ほど陥りがちなのが、「できるだけ、自分が発言したい！」と思ってしまうことです。できるので、自分でやりたくなるのです。そのほうが、話が早い気がします。しかし、それでいいのでしょうか？

上司が部下を同席させる、あるいは部下だけに出席させず、上司である自分も同席する。そのような状況では、少なからず上司も発言したいわけです。しかし、細かな話になると不安もあるため、部下を同席させる。しかも優秀な部下を。

そのような状況ですから、どこかで上司の発言のシーンを作ってあげなければなりません。優秀な部下であれば、全体的な話もできると思いますが、そこは一歩、上司に譲るのです。

たとえば、会議ではこのような感じです。

司会者　では、この製品開発の仕組改善についての進捗を、開発部からご報告いただけますでしょうか？　説明は、どなたからされますか？

A部長　では、担当のB主任から報告させます。

B主任　はい。では、ご報告させていただきます。この取り組みについては……（中略）……。ということで、後1ヶ月ほどで完了する予定です。この先は、それほど大きな問題はないと思っていますが、A部長、補足がございましたら、お願いできますでしょうか？

A部長　詳細は、B主任がご報告した通りですが、この仕組みを運用するには、関係各部署のみなさんのご協力が必要です。ご理解のうえ、ぜひともよろしくお願いいたします。

この程度でいいのです。この最後の「補足がございましたら、お願いできますでしょうか？」を、「不足があれば、ぜひA部長お願いします」でもいいでしょう。

こういう振り方であれば、部長がとくに発言する必要がなければ、「いや、とくにありません」で終了することができるし、部長の顔も保たれます。

しかし、無理に部長から説明させる状況になってしまって、くわしいことが説明できないとなると、上司の顔を潰すことになります。

ですから、「この部分については、部長からご説明いただけますでしょうか？」という振りをしてはなりません。リスクが大き過ぎるからです。

あくまで、「補足」や「不足」を補ってもらうようにするのです。すると、リスクはずっと小さくすることができます。そして、A部長の役割もしっかりと作ることができます。

部下がこういう振り方をしてくれると、上司は助かります。知っていること、言いたいことだけを発言すればいいし、不要であれば終了することができるからです。開発部長時代の私は、まさにこのような感じでした。

部下が、このような振り方をしてくれるとなると、この部下をどんどん会議に連れて行こうとなって、部下にもチャンスが訪れやすくなります。

そして、上司自身のモチベーションも上がるわけですから一石二鳥です。これは、お客様との商談の席でも同じです。

上司も、せっかく来た以上は、何とか知っていることを話したいわけです。その場面をうまく作るということが、部下の最大の勤めです。

もちろん、最初に振ってもいいでしょう。いきなり自分が話しはじめるのではなく、「部長、私からでよろしいでしょうか?」という配慮を見せるのです。

すると、「私は後から補足するので、先に君から説明して」となります。いちおうのお断りをしておくことは重要です。ただ、コントロールしているのは、すべて部下自身です。

これが、〝自分はできると思っている部下〟と、〝本当にできる部下〟との差でもあります。

ある程度慣れてくると、自分の説明以外のどこを、上司のために残しておけばいいか、がわかるようになってきます。

自分の説明では、全体の80%程度を説明し、あえて20%を残しておくのです。しかも、上司が得意な内容の20%をです。そのうちに、その20%の説明も、「君からやってくれていいよ」となれば、すでに信頼を得た段階です。部下のあなたが、上司になる手前まで来ている証拠と言っていいでしょう。

上司からすると、自分の手から部下であるあなたが離れていくことが、すでにイメージできているかもしれません。

上司は常に、部下が次のステップに踏み出すタイミングを計っています。この部下が育つ瞬間に立ち会えることも、上司のモチベーションを支えているポイントのひとつなのです。

6 上司との名コンビぶりは、上司の価値を上げる

自分のモチベーションを上げるのに精いっぱいなのに、上司のモチベーションも上げなくてはならないなんてたいへんだ……と思ってはいないでしょうか。しかし、それはすべて自分に返ってくるので大丈夫です。

会社は、組織対組織で成り立っています。そこそこの経験を積んだ企業人であれば、非常に優れたスキルを持った人でも、組織内では必ずしもうまくいかないという事例など、山ほど見ています。そのため、スキルと同時に組織内でうまく仕事ができる人かどうかを見られることになります。

上司のモチベーションを高め、上司と名コンビぶりを発揮できる部下は、他の部署や他の会社の方から見れば、すぐにその優秀さに気づくものです。

企業の管理職は、常に他の部署の優秀な若手を狙っています。これは、その人物を押さえつけるという意味ではなく、〝引き抜き〟という意味です。他の部署からほしいと言われる人材であるほど、チャンスは訪れることになるし、また成長することもできます。

自分は一所懸命がんばっているのに、まったくそのようなお声がけやチャンスがないとすると、それは上司との連携がうまくいっていないと思われている可能性があります。

ほしい人材の条件として、仕事そのものができることは当然ですが、それと同じくらいに重要視されているのが、**「コミュニケーション能力」**です。

まず第一の条件として、上司とうまくいっているということ。**仕事ができることに加えて、上司をきっちりと立てることができる部下は、非常に高く評価されます。**

そして、そのような状況を作っている上司自身の価値も上がります。このような人は、他の部署から見ても、喉から手が出るほどほしいものです。

逆に、仕事はできるものの、陰で自分の上司の悪口を言う人がいます。自分は上司に恵まれていないことを、他の部署の人に愚痴るわけです。暗に、自分を拾ってほしいのかもしれませんが、このような人物は危険です。

たとえどこに行ったとしても、問題の原因を自分自身以外に求めるからです。もし、誰かがその人物を拾ったとしても、何か問題があれば、同じようにどこかでその誰かの悪口を言うはずです。それでは、チャンスが訪れることはありません。

私は、中途採用の面接官を数多く経験しました。10年以上の社会人経験を持つ方々との面接が最も多かったのですが、そこで気をつけたことは、入ってからのコミュニケーションの特性です。

中途採用ですから、当然即戦力であることが求められます。しかし、あまりにも「これができます！」「あれができます！」ということを主張する人は、入社後にさまざまなところで衝突する危険性が高いことが予想されます。仕事上での衝突は、決して悪いことではありません。しかし、人と人との衝突で他の人を立てることができない人は、非常に厳しいと考えられます。中途採用では、まずは組織になじめる人でなければなりません。

そこで、「前の会社はこうだった！」という話ばかりをする人だと、「じゃあ、その会社に戻ったらどうですか」と思われてしまうことになります。

上司を立てて、上司の価値を上げるということは、転職の際にも非常に大切な考え方になるのです。

営業の方であれば、お客様もそれを見ています。

私も、買う側の立場を経験しましたが、そのときに気にしていたことは、相手の営業の方が、こちらの要望を汲んでくださるのはいいけれど、はたして社内で調整できているのだろうか、ということでした。

勢いだけで約束して、「いけます！」と言うのはいいけれど、社内調整ができない人だと、後からこちらも困るからです。

そのような観点で、ときには上司を連れてきて商談をしたり、そのときに上司をうまく立てている営業の方を見ると、非常に安心することができます。その方の、社内でのコミュニケーションの様子が推測できるし、何よりこちらのお願い事を、社内で適切に検討していただいているという信頼感を持つことができるからです。

ときには、こちらの要望が聞けないこともあると思いますが、そのようなときでも、上司との名コンビぶりが目に浮かぶため、「仕方がないか」とあきらめることができるのです。

まず、部下の立場で考えることは、**自分の上司と名コンビを結成すること**。そして、それを他の部署やお客様の前でしっかりと示すこと。それは、上司自身のモチベーションを高め、上司の価値を上げるとともに、部下自身の評価を高めることになるのです。

8章

上司の力を借りることはいかに大切か

1 仕事の成果は「質×影響力」

まずは、自分がやるべきことをきっちりやる。これは、仕事では当然です。ここで、これを**「質」**と呼ぶことにします。ここには精度と速さも含みます。それらを併せて、「質」とします。仕事は、求められる速さに応じて精度が変わるからです。

何でもかんでも、高精度であればいいというわけではありません。大至急を要求されるなら、その範囲の精度でいい。そういう意味です。

では、その「質」の次には何が必要か。次に大切なことを、**「影響力」**と呼ぶことにします。自分の仕事が、どこまで影響を及ぼすことができるか？　どれだけの人に協力してもらうことができるか？　これによって、その仕事の意味合は大きく変わってくるのです。

私は独立起業するにあたり、2年半くらい前から準備をはじめました。まず、最初に行なったことは、自分の考えたノウハウが通用するのかどうか、を検証することでした。

私は、ビジネスで使われるプレゼンテーションが、あまりにも軽視されていることにずっと疑問を感じていました。多くの方にとって、プレゼンする機会がないのであれば、軽視されていても仕方がありません。

しかし、実際にはプレゼンを行なう機会は非常に多いものです。しかし、それを「プレゼン」

だとは認識していないだけなのです。営業での商談はもちろんのこと、会議や打ち合わせ、報告や相談、それらはすべてプレゼンなのです。

ところが、そのための準備やスキルアップに対する意識が、みなさんあまりにも低いのです。そして、それが仕事の効率を著しく低下させていることに気がついていないのです。

また、それは本書のテーマである、部下力を発揮して仕事の効率を高めることにも大いに関係してきます。部下のプレゼン力があれば、仕事の効率は劇的に変わってくるからです。

そこで私は、そのためのノウハウを少しずつ蓄積していきました。その考えが、本当に通用するのかどうかを評価してもらいたかったのです。

そのため、ビジネス交流会やセミナーなどに出かけていき、懇親会にも積極的に出席して自分の考えを話してみました。そして、アドバイスをいただいたり、誰かをご紹介をいただくことが増えていきました。

そして、行くところ行くところ、いたるところで自分の考えていることややりたいことを話しているうちに、その紹介の輪はどんどん広がっていきました。これはもう、私の意図や想定の枠を大きく超えていました。

その結果、思わぬところから話が来たり、思わぬ方に会うことができました。これは、私が何か特別なことをしたわけではなく、また特別なスキルを持っていたからでもありません。

影響力のある人に、私がやりたいことや考えていることを知っていただいた効果です。

よく、「自分がやりたいことは、公言しなくてはならない」と言われます。それは、公言することで、影響力を持つ人に拾い上げてもらえる可能性が出てくるからです。

これは、何も起業する人に限ったことではありません。会社組織の仕事も、まさに同じです。自分の仕事を理解し、認めてくれる人が出てくることで、チャンスは大きく広がります。その人の影響力が大きければ、それはなおさらです。

上司は、そのための最も身近な人であり、少なくとも自分よりも周りに対する影響力は大きいはずです。その上司に認めてもらうことは、自分の仕事を広げていくことにつながるのです。

そして、そのような姿勢で仕事をしていると、周囲にも認めてくださる人が必ず出てきます。それは社内の可能性もあるし、社外の可能性もあります。私も、多くの社内・社外の方々やお客様に助けていただきました。

ただ、それは自分から発信することで、初めて起こることです。発信なくしては、知っていただくことはできません。あくまで、チャンスをつかむための種は、自分からまくということです。公言することが、その具体的な一歩なのです。

ただしこれは、激しく自己主張するということではありません。あくまで助言を求める、教えを乞うという姿勢です。

「自分は、この仕事でチャンスをつかみたいので、誰かよい人を紹介してください！」というスタンスではいけません。

「自分は、この仕事で○○の分野に貢献したいのです。ただ、そのためには何が必要なのかを模索しています。ご助言いただけないでしょうか?」という姿勢です。

影響力のある人は、自分でアドバイスをくださるし、もし自分でできなければ、誰か適切な人を紹介してくれます。自分の仕事(質)が、影響力という乗り物によって、大きな成果を生んでくれるわけです。

2 年上部下との消耗戦から気づいたこと

すでにお話ししましたが、私は28歳のとき、突然新事業部の責任者を任されました。全国の拠点をまとめる、本社の営業部長という立場です。

ここでは、ほぼ全員が年上の部下で、なかには自分の父親ほども年の離れた方もいました。最初は、いったいどうなることか……と思いました。

また、全国に14の拠点があり、そこには拠点の長がいます。経験も知識も、私より上です。この部門のミッションは、食品製造業や病院などで食事を提供している病院給食と呼ばれるお客様に、食品の衛生をサポートする商材を販売し、あわせてコンサルティングを行なうというものでした。

具体的には、洗浄剤や消毒剤、それに関連する機械商品を販売します。また、その効果を測定する検査やその改善提案、従業員教育というサービスをコンサルティング業務として提供します。

つまり、お客様の現場にどれだけ入り込んでいるか、ということが非常に重要となるのです。知識は必要ですが、ほとんどは現場で考えなくてはなりません。

そのためには、お客様の仕事のオペレーションを知らなくてはなりません。また、お客様の現場にある機械の機能や性能も知らなくてはなりません。何より、お客様のニーズを肌で感じなくてはなりません。

つまり、お客様の現場との距離感が生命線となるわけです。各地の拠点の長は、お客様の現場との距離は、本社にいる私よりも近いわけですから、私が、現場について勝っている要素は、何ひとつないはずなのです。

しかし、実際に私が最初にやったのは、自分が考えた営業戦略を各拠点に落とし込むことでした。そのときに頼れるのは、「部長」という肩書きと権威だけでした。もともと、新規事業的に立ち上がった部署なので、それほど多くの実績があったわけではありません。

当然、今までのやり方にも問題があると思ったため、それを否定し、自分自身の戦略を落とし込むことが最優先だと考えたのです。

それまでの、担当者としての経験から、この戦略は正しいと自負していました。もちろん、それが評価されたからこその抜擢人事でした。そのため、各地のやり方を最初から批判的に見ていました。

それでも、いちおう現地に行かなくては、という意識はあったため、全国各地を毎日回って、各地の長のみなさんと意見を戦わせました。最初は、相当の壁があったと思います。

おそらく、各地のみなさんからすれば、心の中では、「この若造が何するものぞ⁉」「ちょっと業績を上げて、経営層に可愛がられたと思っているかもしれないが、それがナンボのもんや⁉」という感じだったと思います。

会社組織ですから、表面上はきちんと対応していただくことができます。ただ、心の中のつながりには、まったく自信がありませんでした。

むしろ、そういうことから私自身が目を背けていたのです。とにかく現状を否定し、「だから、数字が上がってこないんです！」と主張し、自分の戦略を浸透させようという、その繰り返しでした。

数ヶ月間、そんな毎日を過ごしていると、当然楽しくありません。業績も予定通りに上がってこないための焦りもありました。

そんなある日、仕事後にある方と酒を飲んでいました。この方も、私よりもはるか年上でしたが非常に優しく、いつも私に示唆を与えてくださる〝メンター〟的な存在でした。その方にこんなことを言われたのです。

「新名さん。丸い桶の中の水を想像してみな。手前に水を持ってこようとして水をかくと、手前のふちにあたって、水はどんどん向こうに逃げていくだろう？　それを逆に、水を向こうに向こうに与えるように送ってみな。すると、跳ね返ってこっちに返ってくるだろう？　新名さんがやってるのはそういうことなんだよ。奪おう、奪おうとするから逃げる。与えよう、与えようとすれば自分に返ってくる。今の新名さんは、相手から奪おう、奪おうとしているように見えるよ」

私は、この言葉に衝撃を受けました。この言葉のおかげで、自分のやっていることにようやく気づくことができました。私は、今までの拠点の方々の現場での地道な努力や苦労を奪い取ろうとしていたのです。

3 立場と経験は別物

こうして、自分のしていることに気づいた私は、冷静になって自分の考えを整理してみました。私は、各地のみなさんのこれまでの10年、20年の経験と知識を否定していたのです。それで業績が上がっていないことで、自分の戦略を押しつけようとしていたのです。

しかし、実は本当に否定したいわけではなかったのです。自分には自信がなかったため、みなさんの経験と知識が怖かったのです。そこに議論を持っていくと、勝てる自信がまったくなかったため、そこから議論を遠ざけたかったのです。

当然、現場のみなさんは、自分の過去を端から否定する若造など信用するはずがありません。桶の話で、そのことに気づかされた私は、まずは各地のみなさんがやっていることや考えていることを、徹底的に聞いて回ろうと考えました。

相手の持っているものを引き出し、それをいったん受け止める。そのうえで、そのまま続けるべきやり方、なぜかうまくいっていないもの、よくないやり方、それぞれを分類してみようと考えたのです。

今考えると当たり前のことです。現状を正しく分析する。それに基づいて課題を抽出して、それに対する対応策を考える。どの経営の教科書にも載っていそうな話です。

しかし、これを肌で実感することは案外難しいと思います。思い込みや偏見などが邪魔をするからです。

この考えでもう一度、全国のみなさんと議論をするようになって、ようやく深い話ができるようになりました。私も相手の懐に飛び込むような姿勢になったことで、少しは謙虚になれたのかもしれません。

そのうえで戦略について議論をすると、今まで表面上はやると言いながら、実はそっぽを向いていた人も、しだいにそうではなくなってきました。「いちおう、新名の言うやり方をやってみるか」となっていったのです。

立場と経験はまったくの別物なのです。部下のほうが、経験豊富なことだってあります。また、部下が特定の分野ではエキスパートであるかもしれません。

だから、私は上司ではあるものの、彼らからその教えを乞う姿勢で接しました。ただし、営業部長なので、売上げや利益の達成には責任があるため、その追求はとことんやります。これは立場としての仕事であり責任です。

そのため、この頃の私は、同じ方が相手でも、部下のようにふるまったり、上司のようにふるまったりしていました。「ここはひとつお願いしますよ！」などとお願いをする一方で、「いや、この今月の数字は、何としてもやってもらわないと困ります。絶対に逃げないでくださいよ！」などと言ったりしていました。ただし、人間関係がしっかりできてくると、これでもうまくいくのです。

そして、この「部下のような上司」を経験したことで、「部下力」という問題について深く考えるようになったのです。部下の立場と上司の立場を毎日やっていると、それぞれの悩みや想いが自分の中に同居するようになりました。

そして、それらが同居しているからこそ、その両方のことがわかるのです。つまり、自分以外の相手のことも、よくわかるようになっていったのです。

この頃の私は、上司の悩み、部下の悩みを、常に同時に感じながら過ごしていたと思います。しかし、一般的には部下のときに、さまざまな悩みや不満を抱えながらも、自分が上司の立場になったときには、それを忘れてしまいます。そして、「今の若者は！」だとか、「最近の若い連中の考えはわからない！」などと言うようになります。

たしかに、時代によって変わることもあるかもしれませんが、上司自身も時間とともに変わっているのです。そして、**部下側の問題は、「上司の苦悩を知らない」ということです。**上司自身も、さまざまなことに悩み苦しんでいる。しかし、それは部下からは見えません。

「部下のような上司」の経験によって得た、最も大切な気づきかもしれません。

4 何を知っているかから、誰を知っているかへ

仕事をするうえでさまざまな知識を身につけたい、いろいろなことに自分で対応したい――これは、誰しも思うことです。とくに、社会に出た最初の3年間は、がむしゃらに仕事をするべきだと思います。

私は、社会に出てから最初にさせてもらった仕事は、大手量販店（大手スーパー）の食品バックヤード向けの衛生管理の仕事でした。ですから、とにかく食品の流通業という世界のことをがむしゃらに勉強しました。

もともと、まったく知らない世界ですから、最初は覚えることが楽しくて仕方がありませんでした。業界用語を覚えたり、土日も店舗を見て回ったり、故・伊丹十三監督の映画『スーパーの女』のビデオを見るなどして、徹底的にその業界のことを学びました。

そして実際の仕事もありますから、3年も経つと、それなりに業務知識は身についてきました。これは、今でも大切な財産になっています。

どんなことでも、3年間打ち込むと、それなりの専門性は身につくと言われているため、これは一人前になるために必要なプロセスと言えるでしょう。

一方で、2つの分野をバックボーンに持つ人は強いとも言われます。これは、とくに大学生時代、恩師に言われました。

とくに研究者の場合は、あるひとつの分野に打ち込んでいるうちに、10年以上経ってしまうことがあります。また、最初に残した実績に影響されて、なかなか違う分野に踏み出せないこともあります。これはビジネスでも同じです。ひとつの専門分野から離れられないのです。

そのような意味で、3年を経て、そこから5、6年の間に2つ目の得意分野を開拓しておくことも大切です。私は、それを恩師から叩き込まれていたため、意識して食品産業の次に、医療分野について学びました。

食品と医療は接点も多く、この2つの分野が、今の私のバックボーンになっています。もちろん、どの分野に強くなるかは人それぞれですが、2つの分野にくわしくなることで、それぞれの分野を客観的に見ることができるというメリットもあります。部下としてキャリアを積む中で、まずここまでを、しっかりとつくるのがいいでしょう。

そして、そのままどんどん幅を広げていけるといいのですが、人生には限りがあります。いつまでも、手広く広げていくわけにはいきません。

とくに、後輩や部下を持つ年齢になると、実務以外のスキルも必要になってきます。そこで大事になるのが、**「何を知っているかではなく、誰を知っているか?」**という考え方です。

自分には専門性はないけれど、その分野に強い人を知っている。その分野であれば、その人に聞けばたいがいのことはわかる、という人脈を持つということです。

これは、自分の守備範囲を大きく広げてくれます。もちろん、まったく学ばなくてもいいということではありません。ある程度は理解している必要があります。

しかし、すべての分野の専門家にはなれないわけですから、そこは割り切りも必要です。そのような人脈を大切にするという発想を持つべきです。これは社内でも社外でもいいし、両方持っておくことで、より広がりが出ます。

たとえば、私は栄養学という分野に興味はありますが、それほどくわしいわけではありません。マクロな視点で興味はあるが、ミクロなことはわからない。

しかし、この分野に学者レベルの知識を持つ元同僚の吉田智氏がいます。実際に、東京大学の客員研究員でもあります。栄養学の分野で困れば、間違いなく私は彼に相談します。

また、コミュニケーションの技術にコーチングという手法があります。私はコーチングを正式に学んでいるわけではありませんが、コーチングのスキルについて知りたいこともあります。

このようなときには、現在の私の会社の経営を助けてくださっている、プロコーチの岡崎あやさんという人に相談します。

このように、分野別に助けてくださる方を持っていると非常に心強いものです。ぜひ、そのような人脈をつくっていくことをお勧めします。

ただし、そのための条件がひとつあります。自分自身が、同じように頼ってもらえるような分野を持っている、ということです。自分に提供できるスキルがないのに、人に頼るばかりではダメだからです。

5 「教えてください！」は最高の殺し文句

あなたは、上司の指示がよく理解できない、と思うことはないでしょうか。あるいは、理解しているつもりだが、実は自分に都合のいいように解釈しているというケースもあります。

同じ打ち合わせに出て、その後に結論や指示を確認すると、3人いれば三様の解釈をしていたといったこともあります。誤解や都合のいい解釈は、本人に自覚がないためわかりづらいものですが、よく理解できていない場合は、本人に自覚があるわけですから対処することは可能です。

ただ、上司が怖くて聞けなかったり、どう聞いていいかわからないためにその場では放置してしまって、そのうちに時間だけが過ぎ去り、時間が経っても何ら理解が進まないために放置したくなることがあります。そして、上司からの追求が先に来て上司を怒らせる。このような状況は、何としても避けたいものです。

私は現在、経営者向けのプレゼンの講座をさせていただくことがあります。このときに問題意識のヒアリングをさせていただくと、経営者は「社員に本当に伝わっているのか?」「社員はわかったような顔をしているが、本当にわかっているのか?」という悩みを抱えていることがあります。むしろ、そのような悩みを持たない経営者は皆無なのかもしれません。つまり、トップも心配なのです。

では、どうすればいいのでしょうか。当たり前すぎるかもしれませんが、直接本人に聞けばいいのです。どういうことなのかよくわからないので、もう少し噛み砕いて説明していただきたい――こう聞けばすむ話です。

しかし、怖い上司の場合、これがなかなか難しいのです。私が管理職だった頃、私もきっとそんな感じで「聞きにくい」空気をつくっていたかもしれません。部下が聞いたとたん、「何度、言わせるんや!」と、今にも怒鳴りそうな顔をしていたこともあるでしょう。

そこで、そのような上司に対する魔法の言葉があります。それが、**「教えてください!」**です。

指示されたことがよくわからなかった。しかし、その場では何となく理解しなければならない雰囲気なので、仕方なく引き下がった。そんな状況はよくあるものです。

そこで、持ち帰って、いったんよく考えたというタイミングで、もう一度上司の元に行くのです。そして、こう言います。

「先ほど（あるいは先日）ご指示いただいた件ですが、早速取りかかろうと思ったのですが、ひょっとして、私が誤解しているかもしれないと不安になりました。このまま進めてしまうと、的外れな仕事をして、課長にご迷惑をおかけしてしまいます。お手数をおかけして申し訳ございませんが、もう一度お教えいただけませんでしょうか？」

こう言われると、かなりの確率で上司は快く教えてくれるはずです。それは、あくまで上司に迷惑をかけたくない、という上司のための確認だからです。

上司からすると、それだけ自分に配慮してくれているわけですから、悪い気はしません。ましてや、「教えてほしい」というわけですから自尊心も保たれます。

それを繰り返しているうちに、上司の説明スキルが上がればなおいいことです。ちなみに、これは上司だけでなく、同僚や後輩でも同じです。ポイントではぜひ使いたいものです。

6 「聞いて回れる」部下は信頼できる

上司が、部下に何か調べ物を指示したとします。「この件、くわしそうな人に聞いて調べておいて」という指示です。このような指示をもらった場合、あなたならどのように動くでしょうか。

この「くわしそうな人」がすぐにわかればいいのですが、わからないケースもあります。たまに見かけるのが、こういうときに「くわしそうな人」候補を数多く選び出して、一斉メールで問いかける方法です。

これは、多くの方に一斉にお願いしているので効率がよさそうに見えますが、実はそうではありません。このようなメールに返信して教えてくれるのは、よほど親切な人で、多くの場合は無視されることになります。

また、上司からすると、「くわしい人」を探し出すこともできないのか、という不安材料となってしまいます。

まずは、指示を出した上司に、「どなたが一番いいと思われますか？」と聞いてみましょう。ひょっとすると、「そんなことは自分で考えろ！」と言われるかもしれませんが、当てずっぽうでメールを送るよりはずっとマシです。

もし、上司から適切な情報をいただけなかった場合、自分で考えていろいろと聞いて回る必要がありますが、この「聞いて回る」ということが、上司には好印象を与えます。

なぜなら、ここに2つの重要な意味合が含まれているからです。ひとつは、**すぐに行動することができる**、ということです。

最近は、何でもメールですませようとする人が多いようです。上司は、「聞いてみて」と指示をすると、少なくとも電話、できれば直接聞きに行くだろうと予想します。すぐに行動するフットワークがある部下は、上司からすると、非常に信頼できます。上司は、自分の指示通りに動くことと、すぐに動くことで、部下を信用するようになります。

もうひとつは、**聞きに行って教えてもらえる人間関係を持っていることがわかる**からです。部下が聞きに行っても埒が明かないようだと、毎回上司が出ていかなくてはなりません。

しかし、部下が直接あちらこちらに情報収集に行き、それなりの答えを持ってきてくれるということは、それだけ社内（あるいは社外）に人脈を構築していることになります。

もし、そこでこじれたりすれば上司が出ていくことは必要ですが、少なくとも「聞いて回る」ことにトライしてくれる部下には、そういう意味でも信頼を置くことができるのです。

実際には、上司よりも部下のほうが、社内にネットワークを築いていることはよくあることです。また、部下同士のネットワークで情報を収集していることもあります。

ですから、決して上司が完璧というわけではないし、むしろ部下のほうが強い領域もたくさんあります。上司からすれば、自分があまり把握できていない領域をカバーしてくれる部下は心強い味方です。

部下が、上司の力を借りなくてはならないように、上司もまた、部下の力を借りなくてはならないのです。

上司が入手方法がすぐにわからないような情報を部下が入手してきてくれたとすると、自分にない情報ソースを持った部下として、一目置いてくれることになるかもしれません。

調べ物の指示ひとつですが、信頼を置いてもらえる可能性を生む重要なチャンスなので、ぜひ活かしてください。

7 「上司」は、決して「直属」だけではない

どんな上司にも通じる対応策というものが、あるのかどうか。これは難しい問題です。なかには変わった方、考え方が偏った方、モラルを欠いた方がいないとは言えません。そういう上司を持ち、悩み苦しむ人も少なくないと思います。

しかし、他の方に力を借りることの重要性を理解し、それを行動で示している人は必ず誰かが見てくれています。「上司」は、決して「直属」だけではありません。他の部署の上司、先輩は案外、他の部署の部下のことも見ています。

すると、思わぬところからアドバイスをいただいたり、場合によっては人事で助けてくれることもあります。

仮に、直属の上司に理解がなくて評価されていなくても、**「聞いて回る」姿勢は、他の部署の上司からも見られています**。むしろ、見てもらうチャンスだとも言えます。

実際、過去に私のところに相談に来てくれた他の部署の部下を、後から引き抜いたこともあります。「聞いて回る」ことは、直属の上司の信頼を得るだけでなく、自分の評価を高めるた

めのチャンスとも言えるのです。

私は7年間、営業部門にいたのですが、その後に商品開発部門に異動しました。そのときには、一時期空席となっていた管理職のポジションだったため、前任の方の引き継ぎなどがないまま、いきなり管理をする立場になりました。

最初のうちは、部下からもいろいろと教えてもらいました。とくに、実務の細かいことは部下に聞くしかありません。そのうちに、部下が気づいていない仕事のやり方の問題、考え方の問題にも気づきはじめました。

そこで次の段階では、商品開発の部署と関わりのあるさまざまな部署のトップに意見を聞くために聞いて回りました。

いろいろと問題があったうえ、一時期空席になっていたポジションだったため、他の部署長のみなさんにはいろいろと不満が溜まっていました。その不満をぶつける相手がいなかったところに私が来たものですから、最初はたいへんでした。

その溜まっていた不満を、わざわざ聞きに行ったようなもので、私も聞いて回るのは精神的に辛い仕事ではありましたが、これが後に大きな財産となりました。

とくに、怖いと恐れられている部署長の場合、多くの人は避けて通ろうとします。しかし、そういう方の懐に飛び込んで、「教えてください！」という姿勢で話を聞きに行くと、案外いろいろと教えてくださるものです。

それまで、あまりそういう人がいなかったため、珍しいこともあるのでしょうが、喜んでいただいたこともありました。

後に、「知りもしないのに知った顔するやつが多いが、それを教えてほしいと言って聞きに来たのはお前が初めてやった」と言っていただいたこともあります。

「初めてやった」は少し大げさかもしれませんが、ふだん避けられている怖い方だけに、印象深かったのだと思います。おかげで、その後いろいろと難しい局面があっても、その方にも助けていただいたことが何度もありました。

力を頼って行くことは決して恥ずかしいことではなく、むしろ信頼を築くための第一歩です。知らないことに出くわしたとき、どのような行動を取るかによって、次の展開が決まってくるのです。

9章

上司は「使える」部下を求めている

1 上司は、「孤独」だからこそ誰かに相談したい

「リーダーは孤独である」とは、よく言われることです。私も、頭ではわかっているつもりでしたが、実際に経験した孤独感は、想像をはるかに超えるものでした。

とくに、「決める」ということに関して、自分が最終判断者なのだと気づいたときに、そのことを痛感しました。

担当課長の頃は、その分野については任されてはいるものの、実行するかしないかは、必ず部長の決裁が必要でした。

ですから、自由に発想しても最後の部長判断という砦があるため、ある意味で安心感がありました。おかしなことは、部長がストップしてくれるため、大けがをすることもありません。

ただ、その安心感は部長の決裁からもたらされるものなのだ、ということは当時はわかりませんでした。それがわかったのは、自分がその最後の砦である部長となったときのことでした。

部長となると、その上にも上司がいるとはいえ、実務的なことの判断は、ほぼすべて任されます。営業方針、個別の戦略、トラブル時の判断などの決断が迫られます。

しかも、場合によっては即決が求められます。私が最初に判断に苦しんだのは、価格の決定でした。営業ですから、お客様に提示する価格の決定をしなくてはなりません。

地域特定のお客様の場合は、価格のガイドラインだけを決めておいて、実際の価格提示はその地域担当に任せていましたが、全国に展開している大手得意先や、業界全体への影響力が大きな得意先については、自分で最終判断を下さなくてはなりません。

決定のための条件や理屈は確立したとしても、いざそれを実行するとなると、強烈なプレッシャーを感じたことを今でも思い出します。

自分の上となると、もう取締役でしたから、さすがに、「この価格はどうしたらいいでしょう?」などという情けない相談はできません。

このとき、「リーダーには相談相手がいなくて、何て孤独なのだろう」と実感したのです。

自分が部下だった頃は、相談する相手は上司や先輩であり、少なくとも自分よりは立場や経験が上の方だと思い込んでいました。自分より経験の浅い後輩には、教えることはあっても、相談するなどということは考えられなかったし、同僚となるとライバル心もあるため、なかなか相談することなどできませんでした。

そして、自分がその上司になり、相談できる相手がいなくなったとき、相談相手として思い浮かんだのが、意外にも部下だったのです。判断を求めてきている部下本人には相談することはできませんが、それ以外で意見をくれそうな部下を探している自分に気づいたのです。

それは、**相談というより、自分自身の考え方を検証するための鏡**だったのかもしれません。

自分の考え、意見、決断内容そのものはあります。しかし、そこに絶対的な自信があるわけではありません。

そのため、それを評価してくれる人を求めていたのです。プライドが邪魔をして、違う聞き方をするかもしれませんが、部下に相談をしている上司は大勢いるのではないでしょうか。**上司は、常に信頼できる部下を求めている**のだと思います。

部下からは、上司がそんな悩みを持っていることはわからないかもしれませんが、ぜひ知っておいていただきたいことだと思っています。

2 意見のない「糠に釘」部下は相談相手にならない

上司は、自分の判断を検証するために部下に相談することがあります。ただし、それは当然、「どうしましょう?」とおうかがいをたてているわけではないため、**意見を求める**という形になります。

私もこれまで、さまざまな部下に意見を求めてきました。また、部下の立場として自分の上司からも意見を求められてきました。このようなとき、みなさんはどのような対応をしているでしょうか。

最も残念なのは、「さあ、どうなんでしょうねえ? 私にはわかりません」で終わってしまう人です。このような人とは、これ以上の会話の発展がありません。

聞いた側も「あっ、そう」で、まさに「糠に釘」です。そして、そのうちに相談相手とはみなされなくなってしまいます。

上司は、あくまで自分の判断の検証をしたいのであって、正解を求めているわけではありません。当然、部下の意見だけで判断を下すわけでもありません。ですから**「わかる」「わからない」ではなく、意見を出す必要があるのです**。

自分も本当にそう思うのか、そう思っていなかったけれど、その判断はおもしろいと思うのか、自分ではその判断は思いつかなかったのか、何でもいいので意見が必要なのです。

意見が出せる人は、それだけで信頼できます。しかし、意見が出せない人が多いのです。なぜ、そうなるのでしょうか？

私は、独立起業する数年前から、定期的に社外のプレゼンテーション勉強会に出ていました。小さな勉強会ですが、きっちり2週間に1回のペースで開催され、しだいに参加者も増えていき、常時10数名が参加していました。異業種の集まりなので、当然職種もバラバラだし、学生もいました。

そこでは、参加者が準備してきたネタを数分間でプレゼンテーションし、それに対して数名の方が質問やコメント、プレゼン内容についてフィードバックを行ないます。

そのフィードバックは、誰が指名されるかわかりません。突然指名されるため、全員が話に集中していなくてはなりません。

あるとき、この勉強会で「的確なコメントやフィードバックをするにはどうすればよいか?」ということが議論になりました。決して、私が優れた意見を発することができているとも思っていなかったのですが、あまり困ることなく意見を言う私に、数名の方が興味を持ってくださったのです。

そのときに私が答えた内容は、**「常に意見を言う前提で人の話を聞いている」**というものでした。これは勉強会に限ったことではなく、会社の会議でも商談でもセミナーでもどこでも同じです。私の場合、常に質問をするつもりで話を聞く、常に意見を述べるつもりで話を聞くということが、習慣化されていたのかもしれません。

その習慣のおかげで、突然上司から意見を求められても、比較的すんなりと意見を言うことができるようになったのだと思います。

会議などで、「何か質問はありませんか? ○○さん」と投げかけても、「いや、とくにありません」と言われるケースが多く見られます。

話を聞いていて、「何か疑問があったら質問しよう」という姿勢で聞いている場合は、よほど疑問点が見つからない限り、質問は出てこないでしょう。

しかし、「必ず質問する!」という前提で聞いていると、何かしら疑問点が湧いてくるものです。**わからないことが出てくるのを待つのではなく、自分からわからない点を探すのです。**わからないことがとくになければ、賛同の意見でもいいのです。

とにかく、絶対にコメントするつもりで人の話を聞くのです。このトレーニングを日々続けていると、自然に意見がすらすらと出てくるようになります。

そのうち、意見や質問を求められなくても、自分から発言できるようになります。せっかく考えた質問やコメント内容なので、言わないともったいないと思うようになるのです。

仕事の場で、人の話を聞かされることは多いものです。そのとき、ノートや手帳の端に、浮かんだ質問やコメントに関するキーワードだけをメモします。それだけで十分です。

自分の意見なので、文章で記録する必要はなく、キーワードだけを記しておけば、それを見て質問やコメントはできます。これはお勧めのトレーニング法であり、思考を活性化させるためにも非常にいいやり方です。

このような日々の努力は、上司から意見を求められたときにも必ず役に立つし、上司からの信頼を得るための重要な要素となるでしょう。

3 まずは、受け入れて共感しよう

上司が、自分に意見を求めてきたり、相談してきた場合、あなたならどう対応するでしょうか。尊敬している上司の場合は、とくに問題ないし、うれしく感じるはずです。

しかし、実際にはそうでないケースもたくさんあります。あまりうまくいっていない上司から、あるいは、尊敬していない上司から、ということもあるでしょう。

そのような場合、上司が的外れな話をしてくると、部下は心の中で「何を言っているのか、この人は！」と、内心腹立たしく感じるかもしれません。

しかし、ここはぐっと我慢しましょう。まずは、相手を受け入れるということが大切なのです。

部下が、上司に頭ごなしに否定されるのが嫌であるのと同様、上司も部下から拒絶されることを著しく嫌います。もし、上司がおかしなことを言っていたとしても、まずはいったん受け入れ、そして共感してあげることが大切です。

その際、心から共感する必要はありません。共感してあげるのは、間違った意見そのものに対してではなく、上司が解決を間違えてしまうような状況に対してです。

上司が誤解をしているのであれば、イメージとして、「そのように思ってしまうこともありますよね！」といった感じで、**その誤解に対して共感してあげればいい**のです。

そしてその後で、「部長、これは誤解の多いところなんですが、実はこういう背景がありまして……」と説明します。これをいきなり、「部長、それは誤解です！」とやってしまうと、上司も感情的になりかねません。

無用な揉め事を避けるためにも、まずは、譲歩してあげましょう。

このコミュニケーション手法は、上司だけではなく、いたるところで役に立つものです。お客様であればクレーム対応に、プレゼンテーションであれば質疑応答時などで必ず必要となる手法です。

クレームコンサルタントとして活躍されている谷厚志さんという方は、クレーム対策に関する著書『「怒るお客様」こそ、神様です！』の中でこう言っています。

お客様はクレームの責任を販売者に求めてきます。受け手としては、その責任の所在に対して共感するのではなく、お客様のご不満の気持ちに対して共感するべきである、と。

よくクレーム対応では「非を認めてはダメ！」と言われるため、受け手が身構えてしまうことがあります。

しかし、身構えてしまった段階で、すでに相手をクレーマー扱いしているのです。そのため、よけいに揉めてしまうのです。私もこのような失敗を経験してきました。

そうではなく、相手が怒りの気持ちを持ってしまったことに対して共感するのです。そして、怒りはあくまで第二感情であり、第一の感情である「期待を裏切られた失望感」「恥をかかされた劣等感」などの本質の感情を見つけ出し、そこに寄り添ってあげることの重要性を、谷さんは指摘しています。

プレゼンテーションの質疑応答の場では、とくに年配の方が異論を唱えられることがあります。このときも対応は同じです。異論そのものには賛同できない。賛同する必要もない。

しかし、質問をしてくださったこと、わざわざ発言をしてくださったことに対して感謝の意を表するのです。

そして、自分はこのような背景で、こういった考えを持っているのだが、そのようなご意見があるということは理解できます、という姿勢を示すといいでしょう。

質問した側も、最初に感謝され、そして異なる意見の存在そのものは肯定されたことで、それ以上は言えなくなってしまいます。

私はある学会で発表した際、まさにこのようなケースに出くわしたことがあります。学会ですから、学説そのものには異論があってもおかしくはありません。

私の発表に対して、ある方から「あなたの、この見解には納得できない」と言われたのですが、私は「ご指摘いただき、ありがとうございます。先生のおっしゃる通り、この技術は非常に期待できると思うのですが、われわれが重視している試験方法によると、このような結果となりました。この結果自体は無視できないため、もう少し検討を深める必要があると考えています。また、ご報告したいと思います」と回答しました。

発表の後、多くの方から「うまい返しをしましたね」と言っていただくことができました。

4 自分の持っている情報を提供する

「上司から意見を求められても、なかなか意見が出せないんです」というお声をいただくことがあります。たしかに、明確な考えを出すためには、少々トレーニングが必要となります。

そのような場合は、自分が持っている情報を提供するだけでも効果があります。上司が意見を求めてくるのは、自分の判断を検証したいということです。

検証するということは、「ひょっとすると、自分の知らない未確認情報がないか？」を気にしている可能性があるということです。

「ご質問にお答えはできないのですが、関連する情報として、〇〇〇という情報を持っています」という答えでも十分です。**「この情報なら持っているのですが、関係ありますか？」**でもいいし、**「では、それに関して調べましょうか？」**でもいいでしょう。

最もよくないのは、「さあ、わかりません」で終わらせてしまうことです。聞いた側からすると、暗に「調べてくれるかな？」という期待感を持っているからです。

部下の立場からすると、「こんな情報は、上司はすでに持っているのでは？」と思っているかもしれません。そのため、出し惜しみするということではなく、単純に不必要だと思って情報を提供しなかった、ということがあるかもしれません。

しかし、部下が思っている以上に、上司には情報が集まっていないものです。また、仮に集まっていたとしても、断片的でつながっていないことがあります。そのため、何度でも情報を提供しておいたほうが無難です。

また、仮によく知っている情報だとしても、上司からすれば、「この部下からは、すでにすべての情報を提供してもらっているということだな」ということが確認できます。

これは、信頼を得るためにはたいへん重要なことです。**疑っているわけではなくても、上司は部下に対して、常に不安な気持ちを持っています。**

「ポカミスで、情報を提供してもらっていないということはないだろうか？」、「必要な情報だと気づかず、大事な情報を眠らせてはいないだろうか？」といったことを、常に心配しています。そのような心配があるうちは、上司もその部下を心の底から信用することはできません。最もよくないことは、上司がしつこく催促すると、ポロポロと情報が出てくることです。

私は会社員時代、社長報告ということで社長室に入ることがよくありました。そこでは、みんな緊張しています。そして、よけいなことを言ってボロを出さないように、必要最底限の報告ですませたいという心理が、全員の中にありました。

しかし、それが社長にはわかってしまうのです。その結果、社長からはどんどん突かれることになるのです。そして、われわれはやむを得ず、ポロポロと小出しに報告することになります。すると、その内容がどうか、ではなく、突かないと情報が出てこないという状況そのものに対して、社長は立腹するのです。

こうなると、いくらすべての情報を報告したとしても、「まだ、何かあるのではないか？」「まだ、他に隠しているのではないか？」と疑われてしまうわけです。

もちろん上司相手といえども、言えないことはあるとは思いますが、少なくとも、「必要な情報はすべてご報告しているつもりです」という態度を示しておかないと、信用を得ることはできません。

突き詰めると、情報提供とは「相手を喜ばせたい」というホスピタリティなのです。「この情報で、上司が喜んでくれるかもしれない！」という気持ちで情報を提供していれば、義務感ややらされている感は出てこなくなるはずです。

もっともこれは、受け取る上司側のマナーも大切です。パナソニック創業者の松下幸之助氏は、ご自身の体があまり丈夫でなかったこともあり、晩年はあまり精力的に動き回ることはできなかったそうですが、その分、報告や情報提供のために訪れる人を大切にされたそうです。

それによって、情報提供された方は「幸之助さんに喜んでいただいたので、次もご報告させていただこう！」と思ったそうです。自分が情報提供を受ける際には、ぜひそれを意識したいものです。

5 意見を求めてくれたことに感謝する

上司に意見を求められたら、まずは、それを受け入れて共感しましょうと述べました。そもそも、意見を求めてもらえるということは、感謝に値することだからです。信頼されなくなったり、扱いにくいと思われていたら、意見を求められることもなくなってしまいます。

私はこれまで、意見を求められることがなくなって、卑屈になっている人を何人も見てきましたが、そのような人は、自分自身で原因をつくっています。

そして、それに気がつかないうちに信頼を失い、意見を求められるチャンスを失っているようです。

そのような人は、初めのうちは相手を選んで態度を決めていたのかもしれません。嫌いな人やソリの合わない人に対しては拒絶の態度を示します。指摘を受けたり、相談されても、否定的な答えしかしません。そのときは、「この人には、これでいいんだ!」と割り切っていたのかもしれません。

しかし、そのような態度は自然に身についてしまいます。自分では気がつかないうちに、いつもそのような態度で人に接したり、あまり面識のない方にも、そのような態度で接するようになるのです。

そしていつしか、誰に対しても否定的な態度や拒絶の態度を示すようになってしまうのです。その結果、周りからは「あの人に意見を求めても、否定的な意見しか言わないので聞くだけ無駄だ」というレッテルを貼られることになるのです。

その逆に、どんなときでも、いったんは相手を受け入れることができる人は、その態度が身についている人です。最終的には意見が異なるとしても、必ずいったんは受け入れるのです。

それは難しいことではなく、**単純に「お声がけいただき、ありがとうございます!」という**

ニュアンスの言葉を、まず最初に発することができるかどうか、です。

これは、メールのコミュニケーションでも顕著に表われます。連絡をくれたことに対しても感謝します。また、問い合わせをしてもらったことに対しても感謝します。

そういうことができる人のメールでは、「ご連絡をいただき、誠にありがとうございます」というものであったり、「お問い合わせいただき、ありがとうございました。」というニュアンスの言葉が最初に書かれています。

仮に、クレームや不満の言葉を発するような連絡をしたとしても、このように受け入れてもらい、感謝の言葉で返されると、悪い気はしません。もし、その後別の件で何かあった場合、また連絡を取ってみようと思っていただくことができます。

そして、最終的には自分に情報が集まってくることになり、仕事がしやすくなるという好循環を生み出すことになるのです。

部下のうちにこれを身につけておくと、自分が上司になったとき、**「情報を提供してくれてありがとう」という態度が取れるようになります**。

私は、部下と上司で態度を使い分けるようなことは、本来はできないと考えています。テクニックや戦略は使い分けることができます。しかし、態度は使い分けることはできません。部下として間違った態度を取る人は、上司になったとしても、間違った態度を取ってしまうものです。

これは、社外と社内で態度が変わる人や、目上と目下の人で態度が変わる人でも同様のことが言えます。

社外、つまりお客様には丁重な態度を取るのに、社内のコミュニケーションでは急に横柄になる人がいます。まるで、「社内なんだから、対応するのが当然だろう？」と言わんばかりの態度です。

同じように、自分より上の立場の人にはやたら腰が低いくせに、自分より下だと思った相手には、執拗に上から目線になる——こういった方は、自分では態度をコントロールしているつもりでも、どこかでボロが出るものです。

そもそも、対応が違うことが露骨に見えます。実際、私には丁重な態度を取るのに、私の部下にはひどい口調でものを言う人がいました。このような人は、「裏では、私のこともきっと悪く言っているに違いない」と思ってしまいます。

また、部下に横柄な口調でものを言っていること自体が私には不快であり、いくら私自身には丁重な口調を使われても、その不快感は変わることがありません。

このようなことにならないためにも、若いうちから、「常に感謝する」ことを身につけておきたいものです。

6 上司は「使える」部下を求めている

では、上司はどのような部下を求めているのでしょうか。また、どのような部下であれば、上司は喜ぶのでしょうか。

上司が仕事で求めることは、責任をまっとうすることです。そして、そこで業績を上げることです。

だとすると、そこに貢献してくれる部下が、最も必要とされる部下ということになります。ひと言で言うと、**「使える」部下**なのです。

では、「使える」とはどのようなことでしょうか?

ほとんどの上司は、自分が不完全な存在、つまり自分自身ができることには限りがあることを知っています。自分が経験してきたことで、最も得意な領域はできます。

しかし、いざ上司になってしまうと、必ずしも自分が経験してきたことだけではなく、それ以外の領域にも責任を持つことになります。

さらに、担当者時代とは異なり、実務を持つことから、部下のマネジメントに軸足が移っていくことになります。

すると、**自分が経験すればできるかもしれないことであっても、部下の経験を通じて判断す**

ることが中心になってくるわけです。

上司は、常に自分の過去の経験と自分の中にある常識、そして外部から得た情報を参考にして判断を行なっています。その外部から得た情報には、部下からの情報も含まれます。

それは、「自分自身ではできないこと」であり、そこを埋めてくれる人、補ってくれる人こそが、上司が求める人ということになります。つまり、**自分自身ではできないことができる人**、それが、「使える部下」なのです。

私が、15年間お世話になったサラヤ株式会社という会社の更家悠介社長という方は、常識では考えられないほど守備範囲の広い方でした。国内外の状況、そして会社が関わっているすべての事業領域において、普通は担当ラインでしか把握できないようなことまで把握されていました。ひと言で言うと、スーパーマンです。しかし、そのスーパーマンでも把握できない領域はあるのです。

それは、できないのではなく、やればできるのだけれど、あまりに忙しくてそこまで手が回らないということがほとんどですが、いずれにしても自分では着手できない領域があるのです。そのような方が、いったいどのような人を重宝するのかということを、私は興味を持って15年間観察してきました。

その結論は、**「自分よりも強い領域を持つ人」を重宝する**ということです。この分野に関しては、自分よりも情報を持っている、自分よりも経験値が優れていると判断された人であれば、意見を聞いていただくことができます。また、そのような人にはチャンスをくださいます。

私に対しても、まさにそう感じました。私が優れている領域などたいしてありませんでしたが、それでも、業務用の食器や器具の洗浄といった領域や、電気分解によって得られる殺菌水の技術と市場動向については、ほぼ私の見解を受け入れていただき、会社の方針とされてきました。

おそらく、これらの分野は私のほうが詳細まで把握している、と思っていただいたのでしょう。一方、確実に私より社長のほうがくわしい領域については、私が何を言っても信用されませんでした。

その観点から言うと、他に重宝されている社員は、みなさん**何らかの得意領域を持ち、それがあるために登用される**ということがわかってきました。これこそ、「使える」人材であり、「使える」部下ということなのでしょう。

私が大学時代にお世話になった、恩師・大阪府立大学理学部の谷田一三教授は常々、「2つの専門領域がある人間は強い」とおっしゃっていました。ひとつの領域に精通することはできるが、2つの領域に広げることはなかなか難しいということです。

私は、この言葉がずっと頭から離れず、社会人になってからも意識し続けてきました。社会に出て、30歳までに上司よりも精通した領域を確立する。そこで、上司に「使える」と思ってもらえるようにがんばる。それは、狭い領域でもいいでしょう。

そして、30歳を超えたら2つ目の領域に挑戦する。ここも、中途半端なレベルではなく、徹底的に行ないます。

そして、その2つの領域で、どんな上司よりも精通していると言えるようになったとき、まさに「使える」部下としての条件を満たし、次に自分が上司になる条件を満たしたことになると考えています。

7 「可愛がっている」ように見えるのは、周りからの偏見

上司が、特定の部下を重宝していると、よく「あの人（上司）は、彼（彼女）を可愛がっている」と揶揄されることがあります。

しかし、本当に「可愛い」のでしょうか。前述した「使える」部下は、「可愛い」のでしょうか。好き嫌いで言う「可愛い」部下、つまり、友人関係のような部下と、仕事ができる部下が同じであれば、たしかにコミュニケーションは取りやすいかもしれません。

しかし、私の経験上、そのようなことは非常に稀なことです。上司は、部下をドライに見ています。それは悪い意味ではなく、仕事で貢献してくれる部下こそが大切な存在であり、個人的にいくら気が合っていたとしても、仕事で貢献してくれない部下は、むしろ厄介な部下と言っていいからです。

上司と部下は、会社や組織の中における「役割分担」です。何度も書いてきたように、上司は完全な存在ではありません。求められるスキルのうちいくつかを満たし、そして経験値が多少あることによって、その役割を上層部から期待されているだけなのです。

上司は、その事実を冷静に理解しなくてはならないし、部下もその事実を認識すべきなのです。それは、上司が求めている不足の部分を補えるように努力し、そこで貢献する。そして、そこで信頼していただけるように仕事に取り組むという姿勢が大切である、ということです。

上司には、部下時代の経験があることで、まだこの事実を認識しやすいと思いますが、部下にはまだ上司の経験がないだけに、この事実を認識できないことがあります。

そのため、上司にまるで「先生」のような期待を抱いてしまうことがあります。そこには人格、知識、経験すべてにおいて、自分よりも優れた存在であると見てしまうのです。

しかし、当然そんなことはあり得ないため、偶像は期待を裏切り、部下は失望することになります。そして自分と上司は合わないので、いつか合う理想の上司が表われることを期待するか、あるいは出会うために、自ら組織を飛び出すということになってしまいます。

上司と部下は「役割分担」である、ということが理解できれば、少しはこのような状況を防げるのではないでしょうか。

「役割分担」ということであれば、まず両者がそれぞれを経験すればいいのですが、人事制度上、なかなかそうもいきません。

ただ、最近ではプロジェクト型の組織が増えてきました。そこでは若い人にリーダーを経験させ、ベテランがスタッフとして関わることがあります。私も会社員の最後に、自分よりずっと若いリーダーと仕事をさせていただいたおかげで、このような経験のすばらしさを実感することができました。

本書でお伝えしたかったことは、**知られざる上司の苦悩、上司の置かれた状況、上司の部下への想い、そういうことを部下が知ることができれば、仕事はもっと楽しくなる、仕事でもっと成果を収めることができる、ということです。**

本来は、経験することがベストなのですが、それが簡単にはできない以上、本書を通じてそれをお伝えしたかったのです。

年上の部下ばかりの環境に放り込まれるという、少し珍しい環境で鍛えていただいた財産を、私よりも若い世代のビジネスパーソンに活かしていただけたら、こんなにうれしいことはありません。

仕事は、部下の力によって力強く推進されていくのです。

あとがき

私は、前職のサラヤ株式会社でお世話になった15年間のうち、後半の8年間は商品開発に携わっていました。

しかし、管理職の立場では、商品そのものを開発するということにはあまり力を注ぐことはできず、商品開発の仕組みを作ったり、上層部のご意向を下におろしたり、他部署との揉め事の仲裁などに忙殺されていました。

商品開発で貢献できていないという悩みと、これから先、メーカーの人間として、自分は本当に役に立つのだろうか？　という悩みに苦しんでいた私は、いつしか人材を開発するということに、自分の可能性を見出すようになっていました。

そこで、セミナー講師という仕事を知り、セミナー講師のプロデュースをされている株式会社ＳｈｕｋａＢｅｒｒｙ代表取締役である、前川あゆさんと出会うことができました。

そして、前川さんがプロデュースするスクールで、セミナー講師としてのあるべき姿を学び、これまでの私のスキルのよいところとよくないところを、明確に理解することができました。

そこで私が得た、最も大切なものが、仕事に対する「使命感」という考え方です。

私は、自分のビジネスプレゼンテーションのノウハウを、ぜひ他の方々に提供したいという想いで起業しました。これは、私の使命感です。

そして、それと同じくらいに大切にしている使命感が、ぜひ「部下力」を若い人たちに身につけてもらいたいということです。


「部下力」は、上司を上手に操るなどという、小手先のテクニックではありません。なかなか触れることができない、上司の置かれた環境、想い、そして苦悩を知ることさえできれば、**部下として適切な行動を取ることができるはずです。その力が「部下力」です。**

そして、それは直接の上司だけでなく、仕事で関わる多くの方々の協力を得るということにつながるものと信じています。


ちょうど本書の原稿を書き終えた頃、私はサラヤ株式会社の新入社員研修を担当させていただいていました。前年10月に独立起業したにもかかわらず、社長や元上司、お世話になった方々からは、快く私の新規ビジネスを応援していただき、実際にさまざまな仕事を与えてくださるというサポートをしていただきました。

私の「部下力」がどれほどのレベルだったのか？　それはわかりません。しかし、会社を離れてもなお応援してくださる、社長や元上司には、少しは私の「部下力」が役に立っていたのだと思います。今後は、仕事を通じて恩返しすることが、今の私に課せられた「部下力」の発揮のしどころだと思っています。

とてつもないスピードで流れる、現代のビジネスの世界。少子化や不況で、採用そのものもが減っている中、若手の力は昔以上に重要で貴重なものになってきています。その若手のみなさんが存分に力を発揮し、そしてそれを指導する上司やベテランの方々も頼もしくリードできる世界。そんな世界を、少しでも多くの会社に届けたい。「部下力」は、その大きな推進力になるものと信じています。

最後に、この私の経験に興味を持って、テーマに共感していただき、そして執筆のチャンスをくださった、同文舘出版株式会社の古市編集長に心から御礼申し上げます。

2012年4月

新名　史典

著者略歴

新名　史典（しんみょう　ふみのり）

1971年生まれ。メーカーにて営業、商品開発、マーケティングに約15年間従事。大阪の創業50年の製造業において、28歳で突然、営業統括部長に就任し、「部下のほとんどが年上」という異常な状況を経験する。そこでの経験から得た考え方が、後に「部下力」として昇華し、若手ビジネスパーソンが上司をうまく味方につけて、仕事を効率化するためのノウハウとして確立。2011年10月、日本で初めてのプレゼンテーション専門コンサルタント企業・株式会社Smart Presenを起業し、企業研修やセミナー講師としてフル稼働している。

上司を上手に使って 仕事を効率化する
「部下力」のみがき方

平成24年6月15日　初版発行

著　者――新名史典
発行者――中島治久
発行所――同文舘出版株式会社
東京都千代田区神田神保町1-41　〒101-0051
電話　営業03(3294)1801　編集03(3294)1802
振替00100-8-42935　http://www.doubunkan.co.jp

ISBN978-4-495-59831-0
印刷／製本：シナノ
Printed in Japan 2012